はじめてママ&パパの

すくすく幼児食

監修：牧野直子
管理栄養士

主婦の友社

はじめに

1才半を過ぎるころ、子どもはおっぱいやミルク以外の素材の味に慣れ、食べ物をかんで飲み込むことの基礎ができるようになります。こうなると、離乳食はそろそろ卒業。いよいよ幼児食の時期が始まります。

「離乳食のあとは、何をどう食べさせたらいいの？」。そんなママの声をよく聞きます。離乳食を卒業しても、すぐに大人と同じ食事でいいわけではありません。まだまだかむ力も、消化能力も未熟な子どもには、食べさせる量はもちろん、薄めの味つけやかたさの調整が必要です。幼児期までは、大人の食事に近づくための準備期間なのです。

なによりも大切なことは、子どもといっしょに楽しく食べること。いつもママやパパから「早く食べなさい」「きちんと全部食べなさい」などといわれてばかりの食卓では、食べることが楽しくなくなってしまいます。

また、幼児期は、主食に主菜、副菜、汁ものがそろった食事になじむ時期でもあります。２０１３年、「和食」がユネスコ無形文化遺産に登録されました。一汁二菜という和食の基本スタイルが、バランスにすぐれ、長寿や肥満防止に役立っていると世界に認められたのです。生活全体の洋風化が進んで久しいですが、こうした日本の食文化を、それぞれの家庭で子どもたちに伝えていきたいですね。

「食」という字は「人を良くする」と書きます。ぐんぐん成長する幼児期に、食べることへの興味や意欲を育ててあげましょう。家族で囲むなごやかな食卓で、さまざまな食べ物のおいしさと出会った子は、きっと心身ともに健康に育つことでしょう。

管理栄養士 牧野直子

はじめてママ&パパのすくすく幼児食◉目次

1章 幼児食のきほん

2章 時期別 幼児期の献立とレシピ

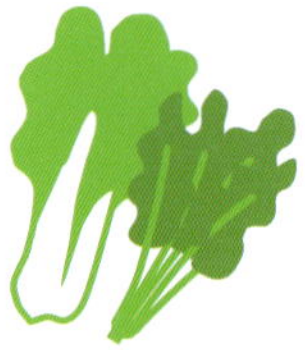

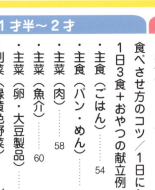

この本の使い方

分量や調理のときの決まりごとなど、レシピを作り始める前に、一度は目を通しておいてください。

分量について

幼児食の時期は、離乳食とは違い、子どもと大人が同じものを食べられるようになります。そのため、それぞれの食事のシチュエーションを考慮して、作りやすい分量の表記にしています。

- 特に記載のないものは、幼児１食分です。子どもの分としてどの程度食べさせてよいかの目安にしてください。時期別レシピ以外は３才～５才児の分量を基本にしているので、１才～２才代のお子さんでは、与える量をひかえめに調節してください。
- 分量はあくまで目安量です。年齢だけでなく、体格や活動量などによっても、子どもの食べる量には個人差があるので、それぞれの子どもに合わせてかげんしましょう。
- 大さじ１は15mℓ、小さじ１は５mℓ、１カップは200mℓ、米１合は180mℓです。
- 栄養価は幼児１食分です。分量に幅がある場合は、少ないほうで計算しています。

調理について

- 電子レンジの加熱時間は特に表記がなければ500Wを基準としています。600Wなら２割減を目安にしてください。機種や食材の水分量などによって、適切な加熱時間が異なるので、最初は少なめの時間設定にし、様子を見ながら加熱するようにしましょう。
- 食材によって、表記がない場合もありますが、皮をむく、種を除く、ヘタや芽をとる、などの下ごしらえをしてください。
- かたさや大きさも目安です。子どもの発達に合わせて調節しましょう。
- 揚げ物なら菜種油などの植物油、いため物ならオリーブ油やごま油などの植物油がおすすめです。
- 子どもと大人がいっしょに食べることを考えて、薄味にしています。大人はあとから調味料や薬味などを好みで足してください。大人も薄味を心がけ、健康的な食生活にしましょう。

1
章

1日3食をおいしく、楽しく！

幼児食のきほん

赤ちゃんを卒業して
「子ども」へと成長する幼児期の食生活は、
体の成長を促すと同時に豊かな人間性を育て、
社会に仲間入りするための準備としても大切です。
まずは、幼児食のきほんの知識を知っておきましょう。

幼児食とは？

離乳食の完了期から5才くらいまでの間が幼児食。
将来にわたって健康に過ごすためにも大切な時期です。

子どもは離乳食のあと、すぐに大人と同じ食事ができるわけではありません。確かにほとんどの食材が食べられるようになるのですが、かむ力や味覚、消化器官などはまだ発達段階。そこで様子を見ながら成長に応じて、食べやすいように切り方、味つけ、やわらかさなどの調理法を工夫する必要があります。

幼児期は、心も体もどんどん成長していく時期です。本書では、離乳食が完了する1才〜1才半から始め、1才半から2才まで、3才から5才までの3つの時期別に、食べやすいレシピと気をつけたいポイントについてまとめています。

幼児期の食事で特に気をつけたいのは、食事とおやつの時間を決め、規則正しく食べさせること。毎日の食事の時間が決まることで子どもの生活全体のリズムがととのい、健やかな成長へとつながります。特に夕ごはんは、大人の都合で遅くなりがちなので気をつけて。できるだけ19時前には食べ終えるようにしましょう。

加えてこの時期は、スプーンやフォーク、お箸が使えるようになったり、食事のマナーを身につけたりする時期でもあります。また子どもの自我が芽生え、嫌いな食べ物なども出てきます。だからといって、食事をトレーニングの時間にしたり、好き嫌いをなくそうと無理に苦手な食材を食べさせようとすると、本来は楽しいはずの食事が、楽しめなくなってしまいます。

まずはできるだけ家族で食卓を囲み、楽しく食事の時間を過ごすことを最優先に。子どもは、食事の楽しさを知ることで、しっかりと食べられるようになり、食事からスムーズに栄養をとれるようになっていきます。

幼児期の食事で大切にしたいこと

1
成長に必要な栄養がとれるように

幼児期はぐんぐん大きくなる大切な時期です。1日3回の食事とおやつで、必要な栄養がきちんととれるような献立を考えましょう。

2
いろいろな食体験ができるように

やわらかいもの、かみごたえのあるもの、甘いもの、すっぱいもの、塩味のものなど、いろいろな食感や味を経験させることで、味覚やかむ力が育まれます。

3
食べることが楽しみになるように

食事が楽しい時間になると、しっかり食べることができるようになります。大人といっしょに食卓を囲み、楽しい雰囲気で食べられるよう心がけましょう。

幼児食のきほんポイント

幼児期の成長と食事のポイントを知っておきましょう。

ぐんぐん大きくなる幼児期

5才

▶体重 17 ～ 18kg

▶身長 110cm

▶脳の重さ 1 200g 前後

3才

▶体重 14 ～ 15kg

▶身長 95cm

▶脳の重さ 1000～1100g 前後

1才

▶体重 9kg

▶身長 75cm

▶脳の重さ 700 ～ 800g

生まれたときは

▶体重 3kg

▶身長 50cm

▶脳の重さ 350～400g

幼児には多くの栄養とエネルギーが必要

子どもの成長というと、身長や体重の増加がまず思い浮かびますが、それだけではなく、運動能力やことば、理解力などの機能も、めざましい勢いで発達していきます。

体重の増加で見ると、満1才で生まれたときの3倍、3才では4~5倍、6才では約7倍に達します。脳の重量でも、1才で約2倍、3才で約3倍になり、4~5才ですでに大人の90%に達するといわれています。

そうした脳と体の成長を支えるのが、日々の食事からとる栄養です。

また、幼児は活発に動き回り、大量のエネルギーを消費します。そのため、幼児では体重1kg当たりのエネルギーとタンパク質は、大人より多く必要です。脂質も、大人では生活習慣病の予防もあって、1日の総エネルギーの25%以下とされていますが、子どもでは30%程度と多めに必要です。

幼児期は3つの時期に分けて考えます

この本では、幼児食を離乳食完了期の1才~1才半、1才半~2才、3才~5才の3つの時期に分けています。離乳食の完了期から子どもの様子を見ながら、少しずつ幼児食へと近づけていきます。

1才半~2才ごろはいわゆるイヤイヤ期真っ盛り。自分で食べたいという意欲が高まり、手づかみで食べたり、お皿の中身をぐちゃぐちゃにかきまぜたりすることも。でもこれはスプーンやお箸を持って食事ができるようになるための、大切なステップ。ゆったりした気持ちで見守り、まずは楽しく食事することを目標にしましょう。

3才くらいからは、子どもも自分の意思をはっきりと表現できるようになってきます。記憶力も発達し「この前のあの野菜はおいしくなかった」など、体験を通しての好き嫌いもふえてきます。食材の切り方や味つけを工夫するほか、料理のレパートリーをふやし、いろいろな味や食感を体験させることで、味覚やかむ力が発達し、好き嫌いが少なくなっていきます。

時期別幼児食のポイント

時期別の子どもの成長や食べさせ方のポイントを紹介します。

離乳食の完了期です。子どもの食べ方をよく観察しましょう

1才～1才半ごろ

おにぎりややわらかいパンなどは**前歯でかじって**食べられます。

食べる量にムラがあります。

自分で食べたがり、**手づかみ食べ**をします。スプーンを持たせても。

「まんま」「ママ」など**ことば**が少しずつ出てきます。

少し大きめに切りやわらかく加熱して食べやすく

食べられるものがふえ、大人の食事に興味を示し始めます。とはいえ、急に離乳食から幼児食に切り替えることはできません。子どもが食べるときの様子を見て、きちんともぐもぐとかんでからごくんと飲み込めていたら、少しずつ幼児食へと進めていきます。

まだじょうずにかむことができないので、かなりやわらかめに火を通し、これまでよりも少し大きめに切ってみて。主食のごはんは、やわらかい軟飯に。大人の料理から材料を取り分けて調理するとよいでしょう。

食事とおやつを規則正しく

朝ごはん、昼ごはん、夕ごはんの3食とおやつの時間を決め、規則正しく食事をする習慣づけを。大人と同じ時間に合わせてしまうと、夕ごはんが遅くなったり、時間が定まらなかったりするので、気をつけて。夕ごはんは遅くても19時前には食べ終わるような時間に設定しましょう。

パパの帰りが遅い場合は、子どもの時間を優先。家族そろっての食事は朝や休日などできる範囲にしてください。食事の時間を決めることで、生活全体のリズムがととのい、健やかな成長へとつながります。

主食、主菜、副菜がそろった献立に

ごはんやパンなどの主食、肉や魚などの主菜、野菜の副菜をそろえると、栄養バランスがととのいます。ただ、この時期は食べ方や気分にムラがあることも。3日くらいできちんと食事ができていればよいと考えましょう。乳製品は2才以上と同じ、1日400g必要なので、朝食やおやつなどに添えて、しっかりとれるようにしましょう。

手づかみ食べは成長の大切なステップ

自分で食べたいという意欲が芽生える時期。手づかみ食べを通して、手で口に食べ物を運ぶ動きを覚え、やがてひとりで食べられるようになっていきます。行儀が悪いから、汚れるからと無理にやめさせるのではなく、ゆったりとした気持ちで見守りましょう。スプーンに興味を持つようなら、手に持たせてあげます。

遊び食べが盛んな時期です
かんでから飲み込んでいるかの確認を

1才半～2才ごろ

「いや！」「嫌い！」などの
意思表示ができます。

ややかみごたえの
あるものも
よくかんで
食べられます。

スプーンやフォークを
持って食事ができます。

大きめで、少しかみごたえのあるものを

まだしっかりかめるわけではありませんが、やわらかいものばかりではかむ力がなかなか育ちません。根菜類などかみごたえのある食材やきのこ類、こんにゃくなど食感の違う食材を意識的に献立に取り入れましょう。同じ野菜でも切り方を変えるだけで食感が変わるので、いつもと違う切り方をしてみても。

野菜などの火の通し方は、少し大人に近づけてやわらかすぎないように。食事中は、子どもがしっかりかんでから飲み込んでいるかを確認し、「よくかんで食べようね」「もぐもぐしてからごっくんだよ」と声をかけながら食べるとよいでしょう。

味つけは大人よりも薄めに

やわらかめに加熱してあれば、大人と同じものでも食べられるようになるこの時期からは、塩分のとりすぎに注意が必要です。特に加工食品は、塩分が多いので気をつけて。濃い味が習慣になってしまうと、将来、生活習慣病にかかるリスクが高くなってしまいます。大人用に作ったみそ汁やスープなどは、湯で薄めたり、煮物は湯を足してさっと煮直したりすると塩分が控えられます。

また、できるだけ新鮮な旬の食材を選び、シンプルな薄味で調理することも心がけましょう。こうした食材の味わいを生かした料理を食べることで、子どもの味覚や感性が育まれていきます。

自分で食べたいという意欲を大切に

この時期は、「自分でやってみたい！」という意欲が高くなります。スプーンやフォークを持たせても、はじめはじょうずに使うことができません。だからといって、すぐに大人が手伝ったり、取り上げたりするのではなく、しばらくは見守って。

子どもが自分ですくって、持ち上げて、口に入れる練習をすることが大事です。子どもが扱いやすいスプーンやフォーク、食器などを用意し、いつも大人が食べさせる状態から少しずつ自分で食べられるようにしていきましょう。

遊びと食事の違いを教えて

盛んに遊び食べをする時期でもあります。食事の途中で歩き回ったり、おもちゃで遊んでしまったりしている場合は、食事に集中できるように、食卓のおもちゃなどは片づけ、テレビやDVDを消すなど環境をととのえましょう。「おいしいね」などと声をかけながら食べることも大切です。加えて、「いただきます」「ごちそうさま」をいうことで、食事と遊びの区別をつけていきましょう。こういった食事のマナーは、いっしょに食事をする大人が、いつも「いただきます」「ごちそうさま」をいっている様子を見せることで、自然に子どももできるようになります。

食べることへの関心や意欲を育てて

3才〜5才ごろ

少し高いところから
飛び降りる、走るなど
活発に動きます。

調理や買い物の
お手伝いができます。

大人と**ことばでコミュニケーション**が
とれるようになります。

4才〜5才ごろからは
お箸も使えるように
なります。

食事とおやつの時間を決め栄養バランスよく

活発に動けるようになり、それにともなって1日に必要なエネルギーや栄養素の量もふえてきます。1回の食事で食べられる量はまだ少ないので、1日3回とおやつをしっかり食べさせると、必要なエネルギーや栄養がとりやすくなります。

ただし、おやつは、甘いお菓子などを食べすぎて食事がとれなくならないよう、時間と食べさせるもの、量をきちんと決めて守ることが大切。ほとんど大人と同じものが食べられますが、これまでと同様に薄味を心がけて。主食、主菜、副菜のそろった栄養バランスのよい献立を基本にしましょう。

食事のマナーは大人がお手本に

「いただきます」「ごちそうさま」のあいさつに加えて、食卓での姿勢、食べながらしゃべらない、食事中に立ち歩かないなど食事に関するマナーも少しずつ教えていきます。大人のやっていることをまねしたい年ごろなので、まずは大人がお手本を見せると効果的です。

指先を器用に使えるようになりますから、子どもがお箸に興味を示したら、お箸を持たせましょう（⇒お箸の持ち方72ページ）。

家族そろって食べる楽しさが最高の栄養

「孤食の時代」といわれますが、「おいしいね」と共感する相手がいなければ、新しい味を教えても、食事のマナーを教えても意味がありません。家族で囲む食卓は自分の居場所を確認し、親に守られていることを確認する場所でもあります。そんな安心感があってこそ、子どもは積極的に外に出ていけるようになるのです。加えて調理や買い物のお手伝いをさせると、食べることへの意欲や興味が育まれます。

新しい料理や苦手な食材にも挑戦

ことばでコミュニケーションがとれるようになり、記憶力も発達してきます。「これを食べたら遊ぼうね」という条件づけも理解できるようになります。また「新しいものに挑戦してみよう」「もうちょっとがんばって食べてみよう」といった自立心も芽生えてきます。そんな子どもの成長しようとする気持ちをくんで、新しい料理を出したり、ときには少し苦手な食材でも料理に加えたりしてみましょう。いろいろな食体験をさせ、食べられたらほめると、次への意欲へとつながります。

幼児期に必要な栄養素

子どもの健やかな成長のために、
何をどれだけ食べさせたらよいかを覚えておきましょう。

主食、主菜、副菜をそろえ、バランスのよい献立に

子どもの成長に欠かせない栄養素は、体を動かすエネルギーになる炭水化物（糖質）、体をつくるタンパク質、体の調子をととのえるビタミンやミネラルです。そこで献立を考えるときは、ごはん、パン、めんなどの主食（炭水化物）、肉、魚、卵、とうふなどの主菜（タンパク質）、野菜や海藻、きのこなど副菜（ビタミン、ミネラル）の3品をそろえると、自然にバランスがよくなります。

とはいえ毎回必ず、3品を手作りしなくてはいけないわけではありません。たとえば、具だくさんのピザトーストやうどんなど、一皿で主食と主菜、副菜を兼ねた料理を作ってもよいのです。献立の1品は作りおきしておいたり、市販品を利用したりしても。めんどうだからと甘いパンと牛乳だけとか、白いごはんとおかず1品だけといった食事はできるだけ避けたいものです。

主食のグループ

炭水化物（糖質）

穀類、いも、砂糖など

炭水化物（糖質）は体内でブドウ糖に分解され、全身に送られますが、最大の供給先は脳と筋肉。この２つは、主にブドウ糖をエネルギー源にしています。よく働く脳と体をつくるには、そのエネルギーになる炭水化物（糖質）が欠かせません。

主菜のグループ

タンパク質と脂質

肉、魚、卵、牛乳、大豆など

タンパク質は内臓、筋肉、皮膚、また体内の酵素やホルモン、免疫体や遺伝子など、ヒトの体のあらゆる部分を形づくっています。脂質も効率のよいエネルギー源で、体を構成する細胞膜や神経細胞の主成分でもあります。

副菜のグループ

ビタミン、ミネラル　食物繊維

野菜や果物、きのこ、海藻など

ビタミンもミネラルもエネルギー源にはなりませんが、体内で行われるさまざまな生化学反応を促し、体の機能を調整します。必要量は微量でもとても重要な役目を果たしています。発育期に特に欠かせないミネラルは、カルシウム、鉄、亜鉛などです。

体の成長に欠かせない、カルシウムと鉄をとりましょう

骨をつくるカルシウムと血液のもとになる鉄は、ぐんぐん成長する幼児期の子どもにとって、特に大切な栄養素。ところがいずれも意識的にとらないと、必要な量がきちんととれていない場合が多いのです。

カルシウム豊富な乳製品、青菜、小魚、鉄が豊富な赤身の肉や魚、卵といった食品を積極的にとり入れましょう。詳しくは128～131ページで、カルシウムと鉄のじょうずなとり方と子どもに食べやすいレシピを紹介しています。

主食、主菜、副菜の割合はおべんとうで考える

1日にとりたいエネルギー量の目安や、タンパク質、炭水化物の推奨されている摂取基準量は、左の表のとおりです。

ただ、何をどれだけ食べさせたらいいのかは実感しにくいですね。1才～2才では、1回の食事からとるエネルギーをおおよそ300kcal、3才以上であれば、400kcalと考え、それぞれ300ml、400mlの容器（おべんとう箱）に、主食を1/2、残る1/2量に主菜（肉・魚）と副菜（野菜）を半分ずつ詰めたときの量とバランスと覚えておけば、ほぼバランスのよい食事になります。

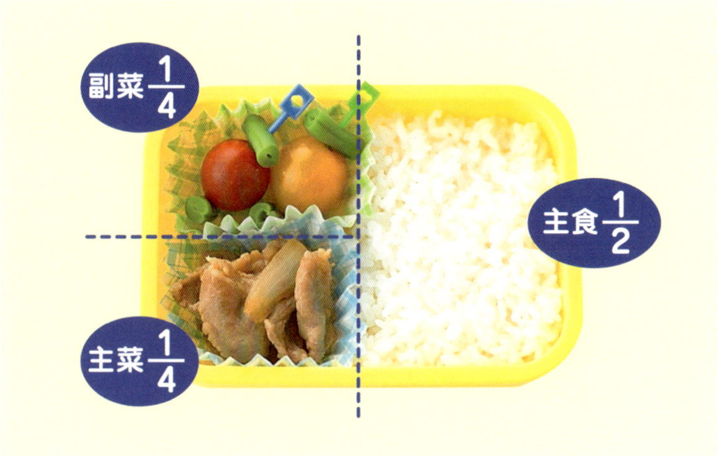

エネルギー必要量

	男子	女子
1才～2才	950	900
3才～5才	1300	1250
成人（30～49才）*	2650	2000

*活動レベル：普通　（kcal / 日）

タンパク質の摂取基準

	男子	女子
1才～2才	20	20
3才～5才	25	25
成人（30才～49才）*	60	50

*活動レベル：普通　（g/ 日）（推奨される目安量）

炭水化物の摂取基準

すべての年齢で
1日の総エネルギー量の
50～65％

*日本人の食事摂取基準（2015年版厚生労働省）より

幼児期につけたい食習慣

この時期によい食習慣をつけておくと、将来にわたって健康維持に役立ちます。

1 食事を規則正しく

幼児は小さな体に、たくさんのエネルギーを必要としています。ところが、かむ力や消化吸収能力はまだ発達段階なので、一度にたくさん食べることはできません。1日3食とおやつで、必要なエネルギーをきちんととることが元気な成長につながります。特にまだおうちにいることが多い2才までの子どもは、気分にもムラがあり、生活のリズムが乱れやすくなります。食事とおやつの時間を決めて守ることで、寝る時間、起きる時間もほぼ決まり、安定したリズムで毎日を過ごせるようになります。

この時期は大人の都合に子どもを合わせるのではなく、夕ごはんは遅くても19時までには終わるよう、子ども中心の食事のリズムをととのえてあげることが大切です。

1日の食事タイムスケジュール例

（1才〜2才代の場合）

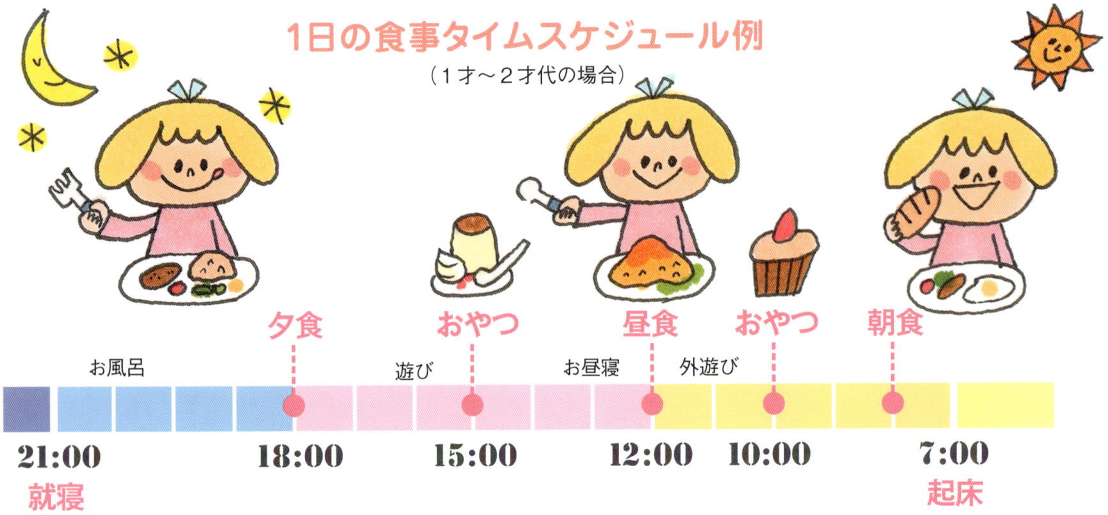

2 朝ごはんをしっかり

1日の食事の中でも特に大切なのが、朝ごはん。1日の活動のエネルギー源になるだけでなく、体内時計をリセットして体のリズムをととのえる重要な役割もあるのです。ところが、大人の夜型生活に引きずられて就寝時間が遅くなるのが原因で早く起きられず、朝ごはん抜きになってしまうケースが少なくありません。

朝ごはんをしっかり食べていない子どもは、エネルギーが不足して幼稚園や保育園に行っても、午前中はボーッとしてしまい、元気に過ごすことができなくなります。また1食抜くことで、1日に必要な栄養もとりにくくなります。ぜひ早寝早起きを習慣にして、朝ごはんをしっかり食べる朝型生活に切り替えましょう。

3 おやつの時間と量を決める

おやつは子どもにとって楽しみですが、それ以上に大切な役割があります。幼児期は胃の容量が少なく、3回の食事だけでは必要な量がとれません。そのためおやつでエネルギーや栄養、水分を補うことが大切です。目安としては1日の総摂取量の10～15％。カルシウムや水分がとれる牛乳や、ビタミンがとれる果物や野菜、小食でエネルギーが不足ぎみの子どもには、消化のよいいも類や穀類のおやつもおすすめです。

厚生労働省の調査によると、離乳食の時期から、授乳と離乳食の間に、果汁やボーロを与えているケースが多いとか。ですが、おやつが必要になるのは、食事が1日3回になる幼児期から。食事の間隔が5～6時間になるのがおやつをスタートする目安です。

おやつの回数は、1回の食事量がまだ少ない1才～2才は、午前と午後の2回。ただし朝が遅かったり、家の中で静かに過ごしている場合は、午前は水分補給の飲み物だけで十分。3才を過ぎたら、おやつは午後の1回に。いずれの場合も、時間と食べさせる量を守りましょう。

こんなことに気をつけて

虫歯

虫歯をつくりやすいのは、糖分そのものよりも、ダラダラ、チョコチョコ食べ。食べたあとは必ず歯みがきを。歯みがきできないときは、最後に水かお茶を飲ませて口の中のお掃除をしましょう。

食べすぎ

小食を心配して、栄養満点の甘いおやつをたっぷりでは、ますます食事が進まず、悪循環に。食事を与えるタイミングや活動量を見直して、食事をきちんと食べられるように工夫することが大事です。

市販のお菓子

幼児向けに作られたおやつ菓子は、子どもの健康に配慮して作られていますが、一般市販品はそうとは限りません。スナック菓子など袋ごと渡すのはやめ、量を決めて器に入れて食べさせましょう。

野菜ジュース

市販の野菜ジュースは清涼飲料にくらべれば、栄養的にはおすすめですが、果汁や甘味料が含まれているので、野菜がわりに多用するのはやめましょう。

4 塩分を控え薄味に慣れる

家族みんなの健康維持に役立ちます

塩分の多い食生活を続けていると高血圧をはじめとする生活習慣病にかかりやすくなるといわれています。「日本人の食事摂取基準（2015版）」（厚生労働省）では、成人男性で1日8・0g未満、女性7・0g未満が目標ですが、実際の塩分摂取量は1日平均で男性11・1g、女性9・4g（2013年国民栄養調査）。塩分をとりすぎている人が多いのが現状です。

味の好みは、食習慣によるところが大きいので、幼児期から薄味に慣れておくと、大人になってからも薄味で満足できるようになり健康維持に役立ちます。また子どもに合わせて、大人も薄味に慣れることで、生活習慣病のリスクを下げることができます。

食材の味を生かしたシンプルな調理を中心に

塩分を控えた料理をするには、食材そのものの味を生かしたシンプルな調理を心がけることが大切です。また酢やレモンなどでほどよく酸味をきかせたり、ハーブや香味野菜などで香りよく仕上げることで塩の使用量を減らすことができます。すっぱい味や香りの強い野菜は苦手な子どもが多いので、たとえば酢はだしで割る、レモン汁はマヨネーズとまぜる、香味野菜類はごく少量使うなど、食べやすく工夫し少しずつ慣らしましょう。

だしをきかせて薄味でもおいしく

塩分の高くなりやすい、汁物や煮物はだしをきかせると薄味でもおいしく食べられます。汁物は具だくさんにするだけでなく、塩分を含む汁を少なくするのもポイントです。

「おいしい」と感じる味には個人差があります。どの程度の味かげんにすればよいのかを基本のみそ汁で覚えておくとよいでしょう。最初のうちはきちんと計量すると、「薄味」を覚えることができます。

だしは、できれば昆布とかつお節でとるのが望ましいのですが、だしパックやだしの素で食塩無添加のものを使ってもよいでしょう。

だしのとり方

基本の昆布かつおだしのとり方も覚えておきましょう。まとめて作って保存しておいても。冷蔵で3日、冷凍で1カ月は日持ちします。

材料（作りやすい分量）

昆布……　5×15㎝
削り節…　30g
水………　6カップ

作り方

❶なべに水と昆布を入れ15分以上おき、火にかける。昆布に小さな泡がついてきたら、とり出す。

❷煮立ったら削り節を加えてさっと煮、火を止めてそのまま冷ます。

❸削り節が沈んだら、ざるでこしてボウルに入れる。保存する場合はあら熱をとり、密閉容器かジッパーつきの密閉袋に入れる。

みそ汁で「薄味」を覚えましょう

最初は、だしとみそを計量カップと計量スプーンではかってみそ汁を作り、「薄味」を覚えましょう。慣れると計量しなくても作れるようになります。

〈子ども1人分〉
だし …… 100mℓ
みそ …… 小さじ1/2

〈大人1人分〉
だし …… 150mℓ
みそ …… 大さじ1/2

おすすめレシピ

みそ汁にすると青菜も食べやすい

●小松菜とわかめのみそ汁

材料（幼児1人分）と作り方

❶小松菜20ｇともどしたわかめ少々はこまかく刻む。
❷なべにだし100mℓを入れてあたため、①を加えて煮る。やわらかくなったらみそ小さじ1/2をとき入れる。

ほっくり甘いさつまいもは子どもも大好き

●さつまいものみそ汁

材料（幼児1人分）と作り方

❶さつまいもは皮をむき、水にさらして小さめに切る。小ねぎ少々は刻む。
❷なべにだし100mℓとさつまいもを入れて火にかけ、さつまいもがやわらかくなるまで煮る。みそ小さじ1/2をとき入れ、小ねぎを散らす。

年齢別　注意したい食品リスト

幼児期は、「大人とまったく同じ食事」というわけにはいきません。
特に3才ごろまでは注意が必要。
食べさせ方に注意したい食品、食べさせるにはまだ少し早い食品を年齢別にリストにしました。

	食品名	1才代	2才代	3才〜5才	
塩分が多い	かまぼこ	△	○	○	弾力がありかみ切りにくいので、1才〜2才はこまかく切って少量を。できるだけ塩分や添加物が少ないものを選びたい。
	イクラ	×	△	△	味が濃く、アレルギーの心配もあるので1才代は食べさせない。2才ごろから、料理の飾り程度の少量なら食べさせてみても。
	たらこ	△	△	△	塩分が多く、1才〜2才は細菌感染も気になるので、加熱して少量を。明太子は辛みや塩分が強いので食べさせないで。
	鮭フレーク	△	△	△	おにぎりなどに使いやすいが、意外と添加物や塩分も多い。使うときにはさっと湯通しして、塩分をとり除いてから少量を。
	干もの	○	○	○	小骨が多いので、食べさせるときにはていねいに骨をとって身をほぐしてから与える。なるべく無添加、低塩分のものを選んで。
	かす漬け	×	×	×	塩分が多く、酒かすにはアルコール分も含まれている。幼児期は食べさせないで。
誤《ご》嚥《えん》の心配がある	もち	×	△	○	のどに詰まらせるおそれがあるので1才代は与えない。2才以降は、焼いたものを小さく切って。白玉で代用する場合も小さくちぎる。
	キャンディ形チーズ	△	○	○	のどに詰まりやすい大きさ。成分は問題ないので、小さく切って食べさせるなら1才代でもOK。自分で持たせず、必ず大人の手から与えて。
	ピーナッツ	×	×	△	のどに詰まらせたり、気管に入って肺炎を引き起こすことも。無糖のピーナッツクリームは1才ごろ、ピーナッツバターは3才ごろから様子を見ながら。
	くるみ	×	×	△	のどに詰まらせやすく、アレルギーも起こしやすいので1才〜2才には与えない。3才過ぎごろから、砕いたりつぶしたりすればOK。

マークの見方

○ ＝ 食べても問題ない

△ ＝ 少量にとどめる、小さめに刻むなど、量や与え方に注意すれば食べさせてもよい

× ＝ この時期にはまだ早いので、もう少し大きくなってから

	食品名	１才代	２才代	３才～５才	
生もの	**刺し身**	×	△	△	細菌感染による食中毒が心配されるので、１才代は食べさせない。２才ごろから、新鮮なやわらかい魚を少量ならOK。
生もの	**生卵**	×	△	○	生卵は細菌感染による食中毒が心配されるので、２才ごろまでNG。半熟卵は１才半以降、様子を見ながら少量ずつ与えても。
かみにくい	**いか・たこ**	×	△	○	生はいずれの年齢でもNG。加熱しても、弾力がありかみ切りにくいので１才代は与えない。２才以降、食べやすく刻んで少量ずつ。
かみにくい	**こんにゃく**	△	△	△	弾力があるためかみ切りにくく、のどに詰まらせるおそれがあるので要注意。１才～２才はこまかく刻んで。こんにゃくゼリーはNG。
かみにくい	**わかめ**	△	○	○	かみ切りにくいので、かたい茎の部分をとり除いて縦横にこまかく刻んでよく煮てからに。塩蔵わかめは塩抜きを十分にして。
外食メニュー	**ハンバーガー**	△	△	△	塩分が多く高カロリーなので、１才代はパンのみを。２才以降も、食べるのは少量に抑えて。からしやピクルスは、はずして与える。
外食メニュー	**フライドポテト**	×	△	△	塩分や香辛料が多いので、１才代は食べさせないで。２才以降も、ケチャップやソースはつけず、表面の塩をはらってごく少量を。
外食メニュー	**すし**	×	△	△	刺し身のすしは細菌感染による食中毒が心配されるので、３才代でも避けたい。いなりずしや巻きずしなら、２才過ぎごろから。
外食メニュー	**ラーメン**	△	△	○	スープは塩分や脂分が多いので１才代はNG。めんのみ少量与える。２才以降は、薄味のスープをごく少量に。タンメンなどを選んで。
外食メニュー	**焼き肉**	△	○	○	よく火が通っていないと食中毒のおそれがある。１才代は、鶏肉や低脂肪でやわらかいロース肉をよく焼いて少量程度に。

ミニアドバイス 1

食べることが楽しくなるお手伝い

食材や調理道具、食器にふれるお手伝いは、
「食」への関心を育みます。子どもの成長に合わせて、
できることからさせてみましょう。

子どものやる気を伸ばしましょう

3才くらいになると、「人の役に立ちたい」という気持ちが芽生えてきます。また子どもは、大人のまねをするのが大好き。子どもの「やってみたい！」という気持ちをじょうずに伸ばしていきたいですね。とはいえ、最初はじょうずにできなくて当たり前。失敗してもお手伝いをしてくれたことをしっかりほめてあげると、次へとつながります。プチトマトのへたをとる、レタスをちぎる、ホットケーキの生地をまぜるなど、年齢や成長に合わせて、ラクにできそうなことから始めましょう。幼児期の終わりごろには、配膳や片づけなどがまかせられるように、毎日少しずつ続けましょう。

いっしょにお買い物をするのもおすすめ

お手伝いは台所の中だけではありません。いっしょにお買い物に行き、おかずを作るのに必要なものをいっしょに選ぶのもお手伝いのひとつです。売り場でいろいろな食材を目にし、選ぶことで食への興味を引き出すことができます。食事をするときには、「これは、今日選んでくれたにんじんだよ」とぜひ、教えてあげましょう。自分で選んだ食材なら、おいしく食べられるという場合も多いですよ。

2章

子どもに食べやすく、作りやすい！

時期別・幼児期の献立とレシピ

日々成長する幼児期の子どもがきちんと栄養をとれ、
おいしく食べられ、手軽に作れるレシピを集めました。
主食、主菜、副菜を組み合わせれば、
栄養満点の献立もラクラク作れます。あわせて、
時期別に１日に何をどれだけ食べさせればいいかもわかります。

1才～1才半の食事のポイント

子どもの食べ方を見て少しずつ幼児食にしていきます

様子を見ながら少しずつ変えていきましょう。まだじょうずにかめないので、食材は大人が食べるよりややわらかめに。とはいえかまずに飲み込めるほどやわらかくする必要はありません。野菜類は大きめに切り、箸でくずして食べられるくらいのやわらかさを目安にするとよいでしょう。手づかみ食べは、手指をじょうずに使うトレーニングになるので、大目に見て。手づかみで食べられるおかずやおやつを工夫してもよいですね。

食べられる量が少ないため、乳製品が不足しがちになります。朝食にヨーグルトを添えたり、おやつに牛乳を飲ませたりして1日400gとりましょう。

ここがポイント

乳製品をおやつなどにとり入れて

1日にとりたい乳製品は400g。朝食やおやつなどにとり入れて、きちんととりましょう。

ごはんはやわらかい軟飯です

1カップに対して1.5～2カップの水かげんでやわらかく炊いて。

手でつまんで食べられるマカロニおやつ

手づかみ食べしやすいおやつを用意してあげるのもよい方法。マカロニはエネルギー補給にも。

卒乳、どうする？

母子のスキンシップとして母乳を与えるのはかまいませんが、母乳を飲みすぎて食事が進まない、牛乳が飲めない、という場合は、栄養不足が心配です。しっかりと食事がとれるように、ちょこちょこ飲ませるのはやめて、寝る前だけにする、少しだけくわえさせて短時間で切り上げるなど、少しずつ母乳なしに慣れさせて。哺乳びんでミルクや牛乳を飲ませるのも、虫歯の原因になります。コップで飲ませ、哺乳びんとはサヨナラしましょう。

1日にとりたい食品と分量の目安

1日の摂取エネルギーの目安

男の子 950kcal　女の子 900kcal

主菜

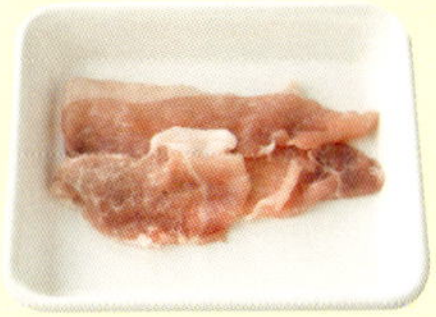

肉類　30～40g
（薄切り肉なら2枚）

魚類　30～40g
（切り身1/3切れ）

卵　S1個

とうふ 30g

＊とうふのかわりに納豆大さじ1と1/2でもOK。

主食

ごはん
100g×2杯

食パン8枚切り
1枚

＊ごはん、パンなどを合わせて200～300g。ごはん1杯100gか食パン8枚切り1枚のかわりにゆでうどん1/2玉でもOK。

乳製品・果物

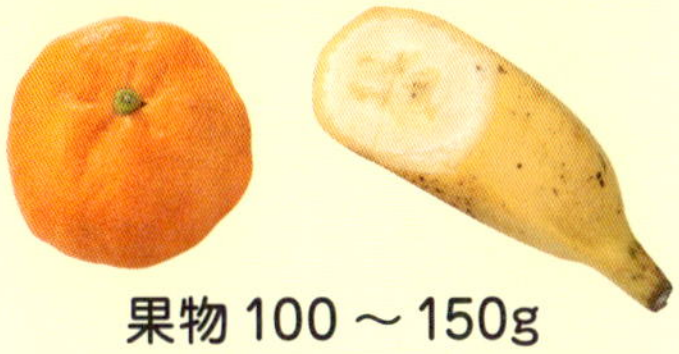

果物 100～150g
（みかん1個+バナナ1/3本）

乳製品 400g
（牛乳コップ2杯+プロセスチーズ1切れ
+プレーンヨーグルト小1個）

副菜

淡色野菜　60g
（きゅうり1/4本+
玉ねぎ1/6個
+キャベツ1/2枚）

緑黄色野菜　40g
（小松菜小1株
+ピーマン1/4個
+トマト1/8個）

いも類　30g
（じゃがいもなら小1/3個）

海藻類
少々

きのこ類
少々

1才～1才半の献立例

離乳食の完了期です。大人の食事に興味を示したり、食べられるものがふえてきたりします。

朝ごはん

- 軟飯
- 鮭のやわらか煮ゆでキャベツ添え →レシピ P154
- 小松菜とわかめのみそ汁 →レシピ P23
- ジャムヨーグルト

memo 魚は皮と骨をはずし、1切れを３～４等分に切って煮ると、食べやすくなります。「鮭のやわらか煮」は３～４日は冷蔵保存できるので作りおきしておくと朝がラク。ビタミン源の野菜の汁ものとカルシウム源になる乳製品を添えて栄養がバランスよくとれる献立に。

昼ごはん

- ロールパンサンド →レシピ P34
- かぼちゃのグラッセ →レシピ P153
- オレンジジュース

memo ロールパンに切り目を入れて、この時期の子どもにも食べやすいミニサンドに。チーズはタンパク質とカルシウムが補給できるので、食べる量が少ない子どもにもおすすめです。野菜のおかずを作りおきしておくのが、手軽にバランスのよい献立にするコツです。

\ 夕ごはん /

- 軟飯
- 豚肉のしょうが焼き
→レシピ P36
- ブロッコリーのごまあえ →レシピ P43
- さつまいものみそ汁
→レシピ P23

memo 朝ごはんで魚をとったので、夜は肉のおかずに。薄切り肉でも2cm幅くらいに切ってあげるのが食べやすさのコツです。副菜に野菜を添えたので、汁物の具はさつまいもに。ほかにきのこ、海藻などを入れてもよいでしょう。

\ おやつ /

マカロニのあべかわ
→レシピ P48

- 牛乳

memo おやつはエネルギーと水分の補給のほか、食事ではとりきれない栄養素をとれるような献立にするのが理想的。「マカロニのあべかわ」は手でつまんで食べやすく、エネルギーとカルシウム補給に最適なおやつです。乳製品は1日400gをとりたいので、水分補給をかねて牛乳を飲ませるとよいでしょう。

最初はしっかり火を通して、慣れてきたら半熟に

しらすとオクラの煮卵丼

材料（大人2人+幼児1人分）

卵 ………………………… 3個

A［しょうゆ　大さじ2
　 はちみつ　小さじ1

しらす干し ………… 大さじ3～4

オクラ ………………… 3～4本

ごはん ………………… 茶わん2.5杯

B［塩　少々
　 ごま油　大さじ1

いり黒ごま ………… 少々

作り方

❶オクラはゆでて小口切りにする。

❷常温にもどした卵をなべに並べ、熱湯をひたひたに注いで火にかける。6分ほどゆでて水にとる。完全に冷めたらまんべんなくひびを入れて殻をむく。

❸ポリ袋に②とAを入れて2～3時間以上おく。

❹器にあたたかいごはんを盛り、Bを加えてまぜ合わせる。①、しらす、半分に切った③をのせて、ごまを振る。

＊大人は好みでしそ適量をのせても。

memo 卵は室温にもどしてゆでると殻が割れるのを防げます。半熟卵は様子を見ながら食べさせて。

やさしい甘さは小食っ子にもおすすめ

さつまいものピラフ

材料（大人1人+幼児1人分）

米 ………………………… 1カップ

酒 ………………………… 大さじ1

塩 ………………………… 小さじ1/4

さつまいも ………… 100g

ベーコン …………… 2枚

バター ……………… 小さじ1

作り方

❶米は洗って炊飯器に入れ、ふつうの水かげんにする。

❷さつまいもは皮ごと1㎝厚さのいちょう切りか、さいの目切りにして水につける。ベーコンは5㎜幅に切る。

❸①に酒と塩を加えてひとまぜし、水けをきった②のさつまいもとベーコンをのせてふつうに炊く。炊き上がったらバターと塩少々（分量外）を加えてまぜる。

＊大人は好みで黒こしょうを振る。

残りごはんでもおいしく作れる

トマトリゾット

材料（大人1人+幼児1人分）

ごはん ………………… 200g
玉ねぎ ………………… 1/4個
エリンギ ……………… 1本
アスパラガス ……… 2本
ウインナー ………… 3本
オリーブ油 ………… 小さじ1
トマトジュース …… 1/2カップ
顆粒スープの素 … 小さじ1
粉チーズ …………… 少々

作り方

❶玉ねぎは薄切りに、エリンギはいちょう切りに、アスパラガスは根元のかたい部分をピーラーでむいて斜め切りにする。
❷なべにオリーブ油を入れて火にかけ、①を入れてさっといためる。水1/2カップとスープの素を加えて4〜5分煮、トマトジュースとごはんを加えて煮汁がほとんどなくなるまで煮る。
❸ウインナーを小さないちょう切りにして②に加え、ひと煮して火を止め、器に盛って粉チーズを振る。

memo 大人は粉チーズのほか、好みであらびき黒こしょうやオリーブ油を振りかけても。

具を自由に組み合わせてデザインして！

ラップずし

材料（大人1人+幼児1人分）

米 ……………… 1カップ
A 塩小さじ　1/2、砂糖　大さじ1、酢　大さじ1.5
鮭 ……………… 1切れ
B しょうが汁、いり白ごま　各少々
鶏ひき肉 … 50g
C しょうゆ　大さじ1/2、砂糖　小さじ1、かたくり粉　小さじ1/2、しょうがのみじん切り　少々
いり卵、ハム、いり黒ごま、グリーンピースなど

作り方

❶米はかために炊き、Aをまぜ合わせたものを熱いうちにまぜて冷ます。
❷鮭はラップをかけずに電子レンジで1分30秒加熱し、骨と皮と除いてほぐし、Bをまぜる。ひき肉にCをまぜて耐熱皿にドーナツ状にし、同様に1分加熱し、泡立て器でほぐしてそぼろにする。
❸茶わんにラップをかぶせ、いり卵やハム、グリーンピースなどと②を好みでのせ、①をひと口大にのせて丸く包む。残りも好みの具で包む。

とろけたチーズが具とパンをくっつけるから食べやすい

クロックムッシュ

材料（大人1人+幼児1人分）

食パン（6枚切り）…… 1.5枚
ほうれんそう …………… 50g
スライスチーズ ………… 1.5枚
ハム ……………………… 3枚
A 塩、オリーブ油　各少々
バター ………………… 大さじ1

作り方

1. ほうれんそうはゆでて刻み、水けをよくしぼってAを軽くまぶす。
2. 食パンは1枚を半分に切って、切り口からみみのほうへ半分の厚さに切り込みを入れて本のような形にする。等分した①とスライスチーズ、ハムをパンの切り込みにはさむ。
3. 熱したフライパンにバターをとかし、②を焼く。バターが片面だけ吸わないように手早く裏返し、フライ返しで上からギュッと押しつけながら両面をこんがりと焼く。食べやすい大きさに切る。

子どもに食べやすいミニサンド

ロールパンサンド

材料（幼児1人分）

ロールパン ……………… 1個
スライスチーズ ……… 1/2枚
ツナ缶 …………………… 20g
サラダ菜 ………………… 適量
マヨネーズ ……………… 少々
バター …………………… 少々

作り方

1. ロールパンは横に4等分に切り、切り目を入れてバターをぬる。
2. バターは室温でやわらかくしておく。ツナとマヨネーズは、まぜ合わせる。
3. パンのバターをぬった部分にチーズ、②のツナマヨネーズ、サラダ菜をはさむ。

memo ロールパンは切り目を入れてあげると、この時期の子どもにも食べやすくなります。

かぼちゃの甘みがとけ出てやさしい味わい

かぼちゃにゅうめん

材料（大人1人+幼児1人分）

そうめん……………2束
かぼちゃ……………100g
油揚げ………………1枚
ねぎ…………………5cm
みそ…………………大さじ1
だし…………………3カップ

作り方

❶かぼちゃはいちょう切りに、油揚げは短冊切りにする。ねぎは小口切りにする。
❷なべにだしとねぎ以外の①を加えて煮立て、かぼちゃがやわらかくなったらねぎを加える。
❸みそをとき入れ、沸騰したらそうめんを半分に折って入れて煮る。ひと煮立ちしたら、味をみてしょうゆ少々（分量外）でととのえる。
＊大人は好みで七味とうがらしを振る。

ソースのようにからむブロッコリーがおいしい！

ブロッコリーのパスタ

材料（大人1人+幼児1人分）

フジッリ……………100g
ブロッコリー………1/2株（150g）
にんにく……………1/2かけ
アンチョビ…………2枚
オリーブ油…………大さじ1

作り方

❶塩適量（分量外）とオリーブ油適量（分量外）を加えた湯に小房に分けたブロッコリーを加え、5分ほどゆでてとり出す。同じ湯でパスタを表示の時間どおりにゆでる。
❷フライパンにオリーブ油とつぶしたにんにくを加えていため、香りが出たら、アンチョビとブロッコリーを加えてつぶすようにいためる。
❸パスタを加えてまぜ、味をみて塩少々（分量外）でととのえる。

memo 苦手な子が多いブロッコリーも、やわらかくゆでてパスタにからめると食べやすくなります。

小麦粉をまぶして焼くと味がよくからみます

豚肉のしょうが焼き

材料（幼児１人分）

豚もも薄切り肉 ………… 30g
しょうが汁 ………………… 少々
小麦粉 ……………………… 少々
A しょうゆ、みりん、水 各小さじ 1/2
油 …………………………… 少々

作り方

❶豚肉は 2cm幅に切ってしょうが汁をからめてから、小麦粉をまぶす。
❷フライパンに油を熱し、①を並べ入れる。両面をこんがりと焼いたら、まぜ合わせた A を加えてからめる。

コロンとしたかわいい形にうまみがたっぷり

ミートボールスープ

材料（大人２人+幼児１人分）

A
- 合いびき肉 150g
- ハム（みじん切り）２枚
- パン粉 大さじ４
- 塩 小さじ 1/3
- 小麦粉 大さじ２
- こしょう、ナツメグ 各少々

玉ねぎ ……………………… 1/2 個
にんじん …………………… 1/2 本
じゃがいも ………………… １個
バター ……………………… 大さじ１
固形スープの素 ………… １個
クリームコーン缶 ……… 小 1/2 缶
牛乳 ………………………… 1/2 カップ

作り方

❶玉ねぎはみじん切り、にんじんは７～8mm角、じゃがいもは 1cm角に切り水にさらす。
❷なべにバターをとかして玉ねぎを透き通るまでいため、半分をとり出す。にんじん、水けをきったじゃがいもを加えていため、水２カップを加えて煮立てる。アクをとり弱火で煮る。
❸ A と②でとり出した玉ねぎ、スープの素を加えてねばりが出るまでまぜる。
❹煮立った②に③を丸めながら落とし、材料がやわらかくなるまで煮たら、コーン缶とあたためた牛乳を加えて塩、こしょう（各分量外）で味をととのえる。

ほどよいかたさでパサつかない

ひと口ささ身焼き

材料（大人2人+幼児1人分）

鶏ささ身 ………………………… 3本
しょうゆ、かたくり粉 …… 各大さじ 1/2
のり ……………………………… 適量
油 ………………………………… 少々

作り方

1. 鶏ささ身はひと口大のそぎ切りにしてしょうゆを振りかけ、かたくり粉を振ってまぜる。
2. のりを 1cm幅に細長く切り、①に 1 切れずつ巻きつける。
3. フライパンに油を熱して②を並べ入れ、両面を焼く。

memo 大人は好みでこしょうや七味とうがらしを振って。子どもにはゆでたにんじんスティックなどを添えて。

ちょっと濃いめの味つけでごはんが進む

牛肉とアスパラのオイスターいため

材料（大人2人+幼児1人分）

牛切り落とし肉 ………… 100g
酒、かたくり粉、油 …… 各大さじ 1/2
こしょう …………………… 少々
玉ねぎ ……………………… 1個
アスパラガス ……………… 1束
A［オイスターソース　小さじ2
　しょうゆ　小さじ1
　水　大さじ2

作り方

1. 牛肉は 1cm幅に切り、酒、こしょうを振りかたくり粉をまぶす。油を振り軽くほぐす。
2. 玉ねぎは 1cm幅の半月切り、アスパラガスは根元を 1cm切り落とし、かたい皮をむいて斜め切りに。A をまぜ合わせる。
3. 樹脂加工のフライパンに①を入れて火にかけ、色が変わったらとり出す。
4. ③のフライパンに油大さじ 1/2（分量外）を熱して玉ねぎをいため、アスパラガス、A を加えて２～３分いため煮にする。③を戻していため合わせる。

食べごたえもじゅうぶんの組み合わせ

鮭のポテト焼き

材料（大人2人+幼児1人分）

鮭 ………………………… 2切れ
じゃがいも ……… 150g
塩 …………………………小さじ 1/2
こしょう ………… 少々
オリーブ油 ……… 適量

作り方

1. 鮭はひと口大のそぎ切りにして塩、こしょうを振る。
2. じゃがいもは細切りにする（スライサーを使ってもよい）。
3. ①を②でギュッと包むようにまとめ、多めのオリーブ油で両面をこんがりと焼く。好みでトマトケチャップか塩（各分量外）を添える。

memo 細切りにしたじゃがいもは水にさらさないで。デンプン質がのりの役割を果たしてくっつきます。

ごまだれをかけてパクパク。食が進みます

えびとブロッコリーのサラダ

材料（大人2人+幼児1人分）

えび ………………………………………… 150g
ブロッコリー ……………………………… 1/2株
プレーンヨーグルト ………………… 大さじ3
A すり白ごま　大さじ1
A 塩　小さじ1/4
A 砂糖　小さじ1/2

作り方

1. えびは背に切り目を入れて背わたをとり除き、深めの器に入れる。
2. ブロッコリーは小房に分け、塩少々（分量外）を加えた湯で3分ゆで、ざるに上げる。その際、ざるの下に①を置き、ゆで汁の余熱で火を通し、冷めるまで置く。
3. 別のざるにキッチンペーパーを敷きヨーグルトをのせて5分水きりし、Aとまぜる。
4. ブロッコリーと水けをきったえびをピックに刺し、③をかける。

クセのある青魚はこまかくたたいてカリッと揚げて

さばのたたき揚げ

材料（大人2人+幼児1人分）

さば（正味）……… 150g
にんじん、えのきだけ ……… 各40g
ピーマン ……… 2個
しょうが ……… 少々
A ┌砂糖　小さじ1
　│みそ　小さじ2
　└かたくり粉　大さじ1.5
揚げ油 ……… 適量

作り方

❶さばはこまかく切って包丁でたたく（ひと口大に切ってフードプロセッサーにかけてこまかくしてもよい）。
❷にんじん、ピーマン、しょうがは細切りに、えのきだけは根元を落として長さを3等分に切る。
❸ボウルに①と A を入れてまぜ合わせ、②を加えて軽くまとめる。
❹揚げ油を約170度に熱し、③を菜箸でひと口分ずつ落とし入れ、カラリと揚げる。

ルウを使わない手軽さとシンプルな味が魅力

たらのクリーム煮

材料（幼児1人分）

生だら ……… 1/2切れ(40g)
A 塩、こしょう、小麦粉　各少々
バター ……… 小さじ1
玉ねぎ ……… 1/8個
ブロッコリー ……… 2房
ホールコーン ……… 大さじ1
顆粒スープの素 ……… 小さじ1/4
牛乳 ……… 1/4カップ
塩、こしょう ……… 各少々

作り方

❶たらは皮と骨を除き、一口大に切って A の塩とこしょうを振り、小麦粉をまぶす。
❷玉ねぎは薄切りにする。ブロッコリーは熱湯でゆで、水けをきる。
❸なべにバターをとかし、たらを入れて両面をこんがりと焼いてとり出す。あいたところに水1/2カップとスープの素、玉ねぎを入れて煮る。
❹玉ねぎが透き通ったら、たらを戻し、コーン、ブロッコリー、牛乳を加えて煮汁がとろりとするまで煮て、塩とこしょうで調味する。

とうふ＆小松菜のカルシウムたっぷりメニュー

とうふのグラタン

材料（大人２人+幼児１人分）

木綿どうふ …………………… １丁
小松菜 ……………………… 200g
塩、こしょう ……………… 各少々
バター、小麦粉 ………… 各大さじ３
牛乳 ………………………… 1.5 カップ
顆粒スープの素 ………… 小さじ２
レモン（薄切り）………… １枚
粉チーズ …………………… 大さじ２
油 …………………………… 大さじ１

作り方

1. とうふは厚みを半分に切って水きりし、しょうゆ少々（分量外）をまぶす。
2. 小松菜はゆで、1cm長さに切って水けをしぼる。バター大さじ１をのせ、塩、こしょうして電子レンジで２～３分加熱する。
3. 残りのバターと小麦粉を弱火でいため、牛乳を加えて煮立てる。スープの素を加え、弱火で４～５分煮る。粉チーズの半量、塩、こしょうを振り、レモンをしぼる。
4. ①の両面を油で焼く。耐熱皿に③少々、とうふ、②、残りの③を入れ、残りの粉チーズを振ってオーブントースターで 10 ～ 15 分焼く。

さっとあえるだけのラクラクおかず

納豆コールスロー

材料（大人２人+幼児１人分）

キャベツ …………………… 約 150g
ひきわり納豆 …………… １パック（50g）
A［しょうゆ　大さじ 1/2
　 マヨネーズ　大さじ２

作り方

1. キャベツはポリ袋に入れるか、ラップで全体を包んで電子レンジで２分加熱し、ざるに上げて冷ます。せん切りにして水けをしぼる。
2. 納豆に A を加えてまぜ合わせる。
3. ①を器に盛って②をのせ、全体をまぜ合わせて食べる。

＊大人は好みでマスタードを加えても。

memo しらすやじゃこを加えると栄養がアップ。トーストにのせても合うので朝食にもオススメ。

煮汁のしみた油揚げは食べごたえ満点

切り干し大根と卵のきつね煮

材料（大人2人+幼児1人分）

油揚げ……3枚
卵……3個
切り干し大根……20g
ちりめんじゃこ……大さじ2
A［だし　1.5カップ
　 酒、砂糖、しょうゆ　各大さじ1.5

作り方

1. 油揚げは、菜箸を表面に転がして半分に切って、皮を破らないように袋状に開く。湯でさっとゆでて油抜きし、切り口を半分ほど折り返す。
2. 切り干し大根は2cm長さに切ってもみ洗いし、じゃことまぜ合わせて等分に①の袋に詰める。卵を1個ずつ容器に割り入れ、袋の中にそっと入れ、ようじで口を止める。
3. なべにAを入れて煮立て、②を加えて落としぶたをして中火で4〜5分煮る。

マイルドな野菜あんとふんわり卵がマッチ

ふわふわ卵の野菜あんかけ

材料（大人2人+幼児1人分）

卵……3個
鶏がらスープの素……小さじ1
かたくり粉……大さじ1/2
こしょう……少々
油……大さじ2
もやし……200g
にら……1/2束
かに風味かまぼこ……50g
A［かたくり粉　小さじ2
　 オイスターソース　大さじ1

作り方

1. 湯1カップに鶏がらスープの素を入れてとかしておく。
2. 卵は割りほぐし、かたくり粉と①の半量、こしょうを加えてまぜ合わせる。
3. フライパンに油半量を熱し、②を回し入れて大きくまぜ、ふんわりして火がほぼ通ったらとり出して器に盛る。
4. 同じフライパンに残りの油を熱し、もやしと2cm長さに切ったにらを加えていため、かに風味かまぼこ、残りの①、Aを加えてまぜ、とろみがついたら③にかける。

レンジでチン！　たっぷり野菜が食べられる

レンジラタトゥイユ

材料（大人2人+幼児1人分）

- かぼちゃ……150g
- 玉ねぎ……1/2個（100g）
- ズッキーニ……1/2本（50g）
- トマト……1個（100g）
- ピーマン……2個（30g）
- にんにく……1かけ
- オリーブ油……大さじ1
- 塩……小さじ1/2
- こしょう……少々

作り方

1. かぼちゃはひと口大に、玉ねぎはくし形切りに、ピーマンはひと口大に、ズッキーニは1cm厚さの半月切りに、トマトは横半分に切る。にんにくは包丁でつぶす。
2. 耐熱容器にトマト以外の野菜を入れる。塩、こしょうを振ってオリーブ油をかけて軽くまぜ、切り口を下にしたトマトを上にのせる。
3. ラップをかけて電子レンジで約8〜9分加熱する。トマトの皮を箸でつまんでとり除き、全体を軽くまぜ合わせる（耐熱容器を使っても）。

苦手な青菜をコーンといっしょにレンジで手軽に

ほうれんそうとコーンのソテー

材料（大人2人+幼児1人分）

- ほうれんそう……150g
- ホールコーン缶……大さじ2〜3
- ウインナー……3本
- 塩、こしょう……各少々
- バター……大さじ1/2

作り方

1. ほうれんそうは2cm長さに切ってゆでて水にとり、水けをよくしぼってほぐす。ウインナーは5mm厚さの小口切りにする。
2. 耐熱容器に①、コーンを入れ、塩、こしょうを振ってまぜ、バターをのせて電子レンジで2分加熱してひとまぜする。

memo ハムやひき肉、ツナ、しらすなどうまみのある食材といためると青菜もぐんと食べやすくなります。

ごま油とすりごまのダブルづかいで香りよく

ブロッコリーのごまあえ

材料（幼児1人分）

ブロッコリー …… 30g
すり白ごま …… 小さじ1/4
ごま油 …… 少々

作り方

1. ブロッコリーは小房をさらに食べやすく切り分け、やわらかめにゆでる。
2. ボウルにごまとごま油を合わせてまぜ、①を加えてあえる。

memo ブロッコリーは大人が食べるときよりやわらかめに。煮立った湯に入れ、4～5分を目安にゆでます。

さっぱりマイルドなドレッシングがポイント

にんじんヨーグルトサラダ

材料（大人2人+幼児1人分）

にんじん …… 1/2本
スライスアーモンド …… 大さじ1
A
プレーンヨーグルト　大さじ2
砂糖　小さじ1/2
酢　小さじ1
オリーブ油　大さじ1/2
塩　少々

作り方

1. にんじんはピーラーで縦に薄くむく。塩少々（分量外）を入れた湯で1～2分ゆでて水けをきる。
2. スライスアーモンドは耐熱容器に入れて電子レンジで2分加熱する。
3. ボウルにAをまぜ合わせ、①をあえて器に盛る。②をのせる。

現代っ子も大好きなおふくろの味

小松菜としらす干しの卵とじ

材料（幼児1人分）

小松菜 …… 2株
しらす干し …… 小さじ1
卵 …… 1/2個分
だし …… 1/3カップ
しょうゆ、砂糖 …… 各小さじ1/2

作り方

1. 小松菜は熱湯でゆでて水にとってしぼり、2㎝長さに切る。しらす干しはざるに入れて熱湯をかけて水けをきる。
2. 浅なべかフライパンにだしとしょうゆ、砂糖を合わせて煮立て、小松菜としらす干しを入れて全体に広げながら煮る。再び煮立ったら、ときほぐした卵を回し入れて、卵がふわっと半熟状になったら火を止める。

ごまが香る、とうふの衣で食べやすく

なすの白あえ

材料（大人2人+幼児1人分）

なす………………………………2本（150g）
塩………………………………少々
木綿どうふ……………………100g
いり白ごま、みそ、砂糖………………各大さじ1

作り方

1. なすはへたを落として縦半分に切り、塩水につけてアクを抜く。
2. ①の水けをきって耐熱容器に入れ、ラップをかけて電子レンジで3分加熱する。キッチンペーパーにのせ、手で押しつけて水けを軽くしぼり、5㎜幅に切る。
3. とうふは大きくくずし、キッチンペーパーにのせて水きりをする。
4. ごまをフードプロセッサーですりごまにする。③とみそ、砂糖を加えてなめらかなあえ衣を作る。②をあえて器に盛り、いり白ごま少々（分量外）を振る。

野菜のうまみをしっかりかんで味わって

焼きかぶポン酢

材料（大人2人+幼児1人分）

キャベツ………………………1/4個
玉ねぎ…………………………1個
かぶ……………………………1個
削り節…………………………1袋
ポン酢しょうゆ………………適量

作り方

1. キャベツは軸をつけたまま半分に切る。玉ねぎは6～8等分のくし形切りに、かぶは茎を少し残したまま6～8等分のくし形切りにする。
2. 樹脂加工のフライパンに①を並べ、ふたをして両面をこんがりと焼く。
3. 子ども用は食べやすく切って器に盛り、削り節を振ってポン酢しょうゆを回しかける。

memo 弱火でじっくり蒸し焼きにし、野菜の甘みを引き出して。ポン酢しょうゆのかわりにみそマヨネーズでも。

桜えびの味と栄養を大根に含ませて

大根と桜えびの煮物

材料（大人２人+幼児１人分）

大根 ………………… 200ｇ
桜えび ………………… ５ｇ
だし ………………… 30mℓ
しょうゆ ………………… 大さじ１
砂糖 ………………… 小さじ1/2

作り方

1. 大根は皮をむいて５mm厚さのいちょう切りにする。
2. なべにだし、しょうゆ、砂糖、大根、桜えびを入れ、ふたをして弱火でゆっくり煮る。

ナッツの香ばしさにひかれてかむ力がつく

ささがきごぼうのピーナッツクリームあえ

材料（幼児１人分）

ごぼう ………………… 8cm
ピーナッツクリーム(無糖) ……… 小さじ1/2
砂糖 ………………… 小さじ1/4
しょうゆ ………………… 少々

作り方

1. ごぼうは皮をこそげ、縦に細く切り目を入れ、端からエンピツを削る要領でそいでささがきにし、水に放してアクを抜く。
2. ボウルにピーナッツクリームと砂糖、しょうゆを入れてなめらかにまぜ合わせる。
3. ごぼうをやわらかく湯がいて、水けをよくきり、②に入れてあえる。

＊ピーナッツクリームの甘みをみて、砂糖の量はかげんする。

ねぎだって食べられる！ その自信が大切

ねぎのグラタン

材料（大人２人+幼児１人分）

ねぎ ………………… 1/4本
ベーコン ………………… 1/4枚
バター ………………… 小さじ1/2
ホワイトソース ………… 大さじ1.5

作り方

1. ねぎはやわらかい白い部分を１cm幅の小口切りにする。ベーコンは１cm幅に切る。
2. フライパンにバターをとかし、ベーコンを入れていためる。ベーコンの脂が出てきたらねぎを加えていため合わせ、ねぎがしんなりしたらホワイトソースを加えてあえる。
3. 耐熱皿にバター（分量外）を薄く塗り、②を入れて表面を平らにならす。高温に熱したオーブントースターに入れ、全体が煮立つまで５〜６分焼く。

とろりとした里いもにみそ味がマッチ

里いものともあえ

材料（大人2人+幼児1人分）

里いも ………………… 300g
いり白ごま ……… 大さじ1強
A 砂糖、みそ　各大さじ1

作り方

❶里いもは皮ごときれいに洗ってラップで包み、電子レンジで6分加熱して、皮をむく。
❷ごまをフードプロセッサーにかけてよくすり、Aと①の1/3量を熱いうちに加え、なめらかになるまでかけてあえ衣にする。
❸残り2/3量の里いもは厚さ1㎝くらいの輪切りにして、②であえる。

きのこのうまみとクリーム味がマッチ

きのこのクリーム煮

材料（大人2人+幼児1人分）

玉ねぎ ……………………… 1/2個
きのこ（しめじ、まいたけ、マッシュルームなど好みで）………… 合計2パック
顆粒スープの素 ………… 小さじ1
ブロッコリー ……………… 100g
白ワイン（なければ酒か水）、生クリーム …………………………… 各1/2カップ
油、塩、こしょう ……… 各少々

作り方

❶玉ねぎは薄切りに、ブロッコリーは小房に分ける。きのこは石づきをとって小房に分け、大きなものはひと口大に切る。
❷油を熱したフライパンに玉ねぎを入れていため、しんなりしたら、きのこ、スープの素、ワインを加えてふたをして3～4分蒸し煮にする。ブロッコリー、生クリームを加えてさらに3～4分煮て、味をみて塩、こしょうでととのえる。

鮮やかな黄色と甘ずっぱさが人気の秘密

さつまいものオレンジ煮

材料（幼児１人分）

さつまいも ………… 40g
オレンジジュース（果汁100%）
………… 1/4カップ
砂糖 ………… 小さじ1

作り方

1. さつまいもは皮つきのまま５～６mm厚さのいちょう切りにし、水にさらしてアクを抜く。
2. 水けをきってなべに入れ、ジュースと砂糖を加えて火にかけ、煮立ったら火を弱め、穴をあけたキッチンペーパーをかぶせて５～６分、やわらかく煮含める。

もちっとした食感が楽しいスープ

わかめの白玉だんごスープ

材料（大人２人+幼児１人分）

塩蔵わかめ ………… 35g
白玉粉 ………… 1/4カップ
牛切り落とし肉 ………… 100g
しょうゆ ………… 大さじ1/2
にんにく（みじん切り）‥ 小さじ1
ごま油 ………… 大さじ1
顆粒スープの素 ………… 小さじ2

memo 白玉だんごは指のはらで粉の粒をつぶしながらねり、耳たぶくらいのやわらかさにします。

作り方

1. 牛肉はひと口大に切ってしょうゆをもみ込む。わかめはもどしてざく切りにする。
2. ごま油を熱して①をいため、水2.5カップ、スープの素、にんにくを加えて煮る。
3. ボウルに白玉粉を入れ、水を少しずつ加えながらまぜてこね、直径1cmに丸める。
4. ②に③を加えて煮立て、だんごが浮いてきたら火を止め、しょうゆ少々（分量外）で味をととのえる。

＊大人は好みであらびき黒こしょうを振っても。

鉄とカルシウムがたっぷりとれる

ひじきと油揚げの煮物

材料（作りやすい分量・４～５人分）

ひじき（乾燥）………… 30g
油揚げ ………… 1枚
にんじん ………… 3cm
油 ………… 大さじ1
A［だし 1/2カップ
　砂糖 大さじ1.5
　酒 大さじ2］
しょうゆ ………… 大さじ2
みりん ………… 大さじ2

作り方

1. ひじきは熱湯で２分ゆで、ざるに上げて水けをきる。
2. 油揚げは縦半分にして細切りに、にんじんはせん切りにする。
3. 油を熱したなべに①を入れていため、油が回ったら油揚げとAを加えてひと煮する。しょうゆの半量を加えて落としぶたをし、中火でゆっくり煮詰める。
4. 煮汁がほとんどなくなったら、にんじんを加え、ふたをして蒸し煮にし、残りのしょうゆ、みりんで味をととのえる。

＊でき上がりの適量を169ページの「ひじきロールパン」にアレンジして。

ほんのり甘いかぼちゃクリームが絶品！

かぼちゃのロールサンド

材料（幼児1人分）

かぼちゃ……………………60g
クリームチーズ…………30g
サンドイッチ用食パン‥1枚

作り方

❶ かぼちゃはラップで包んで電子レンジで2分加熱し、熱いうちにつぶしてクリームチーズを加えてまぜる。
❷ 食パンはめん棒や菜箸で厚みを少しつぶすように軽く転がし、パンが割れるのを防ぐ。
❸ ラップの上に②をのせ、端を1㎝ほど残して①をぬり、端からきっちり巻く。ラップに包んだまましばらくなじませ、1.5㎝幅に切る。

指でつまんで食べやすい

マカロニのあべかわ

材料（幼児1人分）

マカロニ……………………15g
きな粉………………………小さじ2
黒みつ………………………小さじ1

作り方

❶ マカロニは表示の時間より、少し長めにやわらかくゆでて水けをきる。
❷ ボウルにきな粉と黒みつを合わせてまぜ、①を加えてあえる。

アツアツでも冷やしてもおいしい

バナナパンプディング

材料（大人１人＋幼児１人分）

食パン（６枚切り）…… １枚
バナナ ……………………… １本
A
- 卵　１個
- 牛乳　1/2 カップ
  （生クリームと牛乳各 1/4 カップでもよい）
- 砂糖　大さじ２～３

グラニュー糖（あれば）‥ 少々

作り方

❶食パンは 1.5㎝角に切る。バナナは 1㎝厚さの半月切りにする。
❷ A をまぜ合わせ、パンを加えて汁けがなくなるまでパンにしみ込ませる。
❸耐熱容器に②とバナナを合わせて入れ、グラニュー糖を振り、オーブントースターで７～８分焼く。途中で焦げそうになったらアルミホイルを二重にしてかぶせるとよい。

さわやかさとプルプルの食感をプラス

いちごヨーグルトゼリー

材料（作りやすい分量・約４個分）

いちご ………………… 1/2 パック
砂糖 …………………… 大さじ４～５
粉ゼラチン …………… １袋
プレーンヨーグルト …… 3/4 カップ

作り方

❶いちごは洗ってへたをとり、手でつぶして砂糖を振りかけておく。
❷水 1/4 カップに粉ゼラチンを振り入れてふやかし、電子レンジか湯せんにかけてゼラチンをとかす。
❸②にヨーグルトと①を加え、ボウルの底を氷水に当ててまぜながら少しとろみがつくまで冷やす。
❹好みの型に油（分量外）を薄くぬり、③を流し入れて冷やし固める。

1才半から2才の食事のポイント

奥歯が生えてきて食べ物をすりつぶせるように。かむ力をつけましょう

大人と同じかたさではまだ食べにくいのですが、かまずに飲み込めるようなやわらかいものばかりを与えるとかむ力が育ちにくくなります。しっかりかんで食べられるおかずを心がけましょう。同じ食材でも薄切り、スティックと切り方を変えるのもおすすめです。

まだ手づかみ食べをする時期ですが、スプーンやフォークに興味を示したら、持たせてあげましょう。最初はじょうずに使えなくても、少しずつスプーンを使って口に運べるようになります。

濃いめの味に慣れないよう薄味を心がけることも大切。少量のマヨネーズやケチャップ、カレー粉などをプラスして味に変化をつけてもよいでしょう。

ここがポイント

果物は1日に150g食べてビタミン補給

果物はビタミン類と水分補給に最適。小食の子はおなかがいっぱいになってしまうので、おやつに。

ごはんはまだやわらかめに炊いて

水をやや多めにして炊いた、やわらかめのごはんを。大人のごはんに水少々を加えレンジでチンして。

パンは食べやすく切ってあげましょう

食パンは手づかみしやすいスティック状に切ると、食べやすい。1枚、3～4等分に棒状に切って。

絵本で「食育」

食べる楽しさや、なぜ食事が人間にとって必要なのか、子どもが好きな絵本で教えるのはいかがですか？ 食事を作るワクワク感や、食材を知るのにもぴったりです。子どもが関心を持ちやすい「うんち」に関する絵本などもおすすめ。ただ、教科書扱いはせず、おもしろがって読むように導いてあげましょう。

1日にとりたい食品と分量の目安

1日の摂取エネルギーの目安

男の子 950kcal　女の子 900kcal

主菜

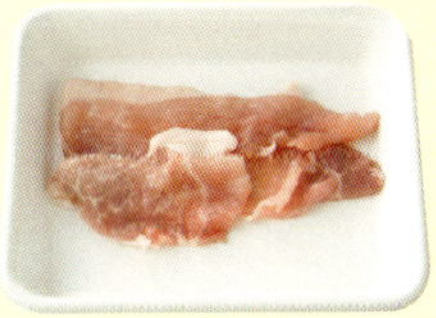

肉類　30～40g
（薄切り肉なら2枚）

魚類　30～40g
（切り身1/3切れ）

卵　S1個

とうふ 30g

＊とうふのかわりに納豆大さじ1と1/2でもOK。

主食

ごはん
100g×2杯

食パン8枚切り
1枚

＊ごはん、パンなどを合わせて200～300g。ごはん1杯100gか食パン8枚切り1枚のかわりにゆでうどん1/2玉でもOK。

乳製品・果物

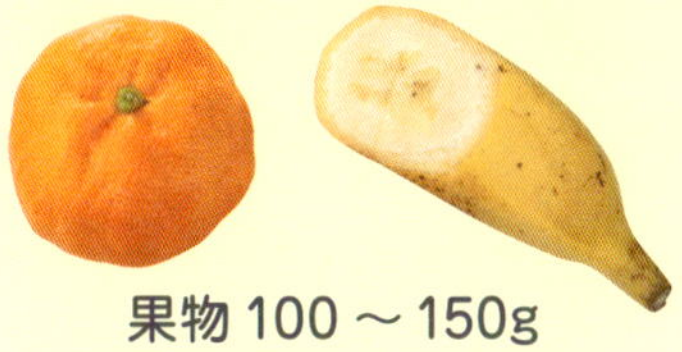

果物 100～150g
（みかん1個+バナナ1/3本）

乳製品 400g
（牛乳コップ2杯+プロセスチーズ1切れ
+プレーンヨーグルト小1個）

副菜

淡色野菜　60g
（きゅうり1/4本+
玉ねぎ1/6個
+キャベツ1/2枚）

緑黄色野菜　40g
（小松菜小1株
+ピーマン1/4個
+トマト1/8個）

いも類　30g
（じゃがいもなら小1/3個）

海藻類
少々

きのこ類
少々

1才半～2才の献立例

スプーンなどが握れるようになり、自分で食べたいという意欲が芽生えてくるころです。

＼朝ごはん／

- ●トースト パン（8枚切り）
- ●コーン入りスクランブルエッグ→レシピP63
- ●トマトとベーコンのスープ→レシピP64
- ●バナナヨーグルト

memo　トーストパンはこの時期の子どもは8枚切り1枚が目安。3～4等分に切って盛ると、手でつかんで食べやすくなります。卵のおかずとトマトのスープを添えて栄養バランスのよい献立に。乳製品は朝食に必ず添えるようにすると、必要な量がとりやすくなります。

＼昼ごはん／

- ●●あんかけ焼きそば→レシピP56
- ●チンゲンサイのスープ
- ●ぶどう

memo　豚肉と野菜のあんをかけた焼きそばは、栄養バランスのよい一皿料理。焼きそばのめんを短めに切ってあげるのが食べやすさのコツ。苦手な野菜になりやすい青菜ですが、香りや味にクセのないチンゲンサイのスープなら、食べやすいでしょう。季節の果物も添えて。

夕ごはん

- 軟飯
- かれいの煮つけ →レシピ P61
- 青菜ののりあえ →レシピ P65
- なめこ汁 →レシピ P69

memo タンパク質源になる肉、魚、卵・とうふは、3食の中でじょうずに配分してとるのが理想的。朝に卵、昼に肉を食べているので夕ごはんは魚を主菜に。かれいなど白身魚は、やわらかく食べやすいのでおすすめ。青菜の副菜やきのこの汁ものを添えてバランスのよい献立に。

おやつ

- 蒸しパン →レシピ P70
- 牛乳

memo 手作りの蒸しパンは、ふんわりとやわらかく、甘さも控えめで子どもに安心して食べられるおやつ。まとめて作って冷凍保存しておくと、室温で自然解凍して手軽に食べられます。エネルギー補給に最適です。水分とカルシウムがとれる牛乳といっしょに。

苦手な食材もいつの間にか食べちゃう

野菜いろいろチャーハン

材料（大人１人+幼児１人分）

ごはん……250g
卵……１個
マヨネーズ……大さじ１
ねぎ……5cm
しいたけ……１枚
にんじん……3cm
ピーマン……１個
ごま油……大さじ１
鶏がらスープの素、しょうゆ……各小さじ１

作り方

❶ねぎは1cm幅の小口切り、しいたけ、にんじん、ピーマンは2cm角くらいに切り、すべてをいっしょにフードプロセッサーにかけてみじん切り状にする。
❷卵をほぐし、マヨネーズを加えてまぜる。
❸フライパンにごま油を熱して②を流し入れ、大きくまぜていり卵にしてとり出す。
❹同じフライパンに①を入れていため、鶏がらスープの素を加える。あたたかいごはんを加えてさらにいため、しょうゆを加える。③を戻し入れてまぜ、味をみて塩少々（分量外）でととのえる。

ハーフサイズののりが巻きやすくて食べやすい

のの字ロールごはん

材料（作りやすい分量・6本分）

すしめし……420～450g
手巻きずし用のり……6枚
A
スライスチーズ　2枚
きゅうり　1/4本
ねり梅　小さじ1
削り節　小1パック
B
牛切り落とし肉　50g
サンチュ　2枚
青じそ　4枚
焼き肉のたれ　大さじ1
C
スモークサーモン　50g
アボカド　1/4個

作り方

❶Aのねり梅に削り節としょうゆ少々（分量外）をまぜ、きゅうりは棒状に2本に切る。
❷Bの牛肉に焼き肉のたれをもみ込んで焼く。
❸Cのアボカドは皮と種をとり、棒状に切る。
❹のりを横長に置き、すしめしの1/6量をのりの2/3まで広げる。スライスチーズ1枚と①の梅の半量をのせ、きゅうりを芯にして端から巻く。もう1本同様に巻く。
❺残りも同様にのりの上にごはんを広げ、2本はサンチュと青じそ、②を芯にして巻く。残りの2本はスモークサーモンと③をのせて巻く。すべてを食べやすく切る。

卵と具材をしっかりまぜてめし上がれ

キッズビビンパ

材料（大人1人+幼児1人分）

ごはん ……………… 250〜300g
もやし ……………… 100g
にんじん …………… 3cm
ピーマン …………… 1個
温泉卵 ……………… 2個
ごま油、塩 ………… 各適量
いり黒ごま ………… 少々

作り方

❶にんじんとピーマンはそれぞれせん切りにし、もやしとまぜて耐熱容器に入れる。ラップをかけて電子レンジで2分加熱し、ざるに上げて冷ます。塩小さじ1/4とごま油大さじ1をまぶしておく。
❷ごはんは子どもの分にはごま油と塩各少々をまぜて器に盛り、①の約1/4量をのせて温泉卵1個をのせ、ごまを振る。
❸大人の分のごはんはそのまま器に盛って①の残りをのせ、温泉卵をのせてごまを振り、好みでコチュジャンを添える。

ひと口大のおにぎりにするとパクパク！

ミックスピラフ

材料（大人1人+幼児1人分）

米 ………………………………………… 1カップ
顆粒スープの素 ……………………… 小さじ2
ミックスベジタブル（冷凍）……… 1カップ
ツナ缶（オイル漬け）……………… 小1缶

作り方

❶米は洗ってざるに上げて30分ほどおき、炊飯器に入れてふつうの水かげんにする。
❷①にスープの素、ミックスベジタブル、ツナを缶汁ごと加えてふつうに炊く。
❸炊き上がったらラップでひと口大ににぎる。

memo カレー粉小さじ1/2を加えてカレー味に、ケチャップ大さじ1.5を加えてトマト味にしても。

とろみをつけているので口当たりがよい

あんかけ焼きそば

材料（幼児１人分）

焼きそば用蒸しめん …… 1/2玉
豚肉 …… 30g
チンゲンサイ …… 20g
にんじん …… 5g
A ［だし　1/4カップ
　 オイスターソース　小さじ1/2
　 酒　小さじ1
水どきかたくり粉 …… 少々
油 …… 小さじ２と1/2

作り方

1. 蒸しめんは４～5cm長さに切る。豚肉は1cm幅に切る。チンゲンサイは軸と葉に分け、葉は1cm幅に、軸は２～3cm長さに切る。にんじんはせん切りにする。
2. フライパンに油小さじ1/2を熱し、蒸しめんをいためて、器にとり出す。
3. Aはまぜ合わせる。
4. 油小さじ２を熱し、豚肉とにんじんをいため、肉の色が変わったら②を戻す。チンゲンサイを加えていため、Aを回し入れてからめ、水どきかたくり粉でとろみをつける。

栄養バランスのよいさっぱりめん

肉そぼろの豆乳そうめん

材料（大人1人+幼児1人分）

そうめん …… ２～３束
きゅうり …… 1/2本
プチトマト …… ３～４個
豚ひき肉 …… 100g
豆乳 …… ２カップ
めんつゆ（濃縮３倍） …… 大さじ２
A ［しょうゆ、砂糖　各大さじ１
　 かたくり粉　小さじ１

作り方

1. きゅうりはせん切り、プチトマトは横半分に切る。
2. ひき肉にAを加えてよくまぜ、耐熱皿にドーナツ状に並べ入れる。電子レンジで１分30秒加熱してフォークなどでこまかくほぐす。
3. そうめんは表示の時間どおりにゆで、流水で洗ってざるに上げ、水けをきる。子ども用は食べやすく切って器に盛る。①と②をのせ、豆乳とめんつゆをまぜて回しかける。

＊大人は好みでラー油をかけても。

ボリュームがあるからランチにもオススメ

トマトのピザトースト

材料（大人1人+幼児1人分）
- 食パン（6枚切り）………… 1.5枚
- ミートソース（市販品）…… 大さじ2〜3
- プチトマト ………………… 4個
- ピザ用チーズ ……………… 適量

作り方
1. 食パンの表面にミートソースをぬる。半分に切ったプチトマトをのせ、チーズを散らしてオーブントースターでチーズがとけるまで焼く。
2. 子ども用は縦にスティック状に切る。

memo プチトマトをゆでたアスパラガスやじゃがいもにかえても。コーン缶を加えればボリュームアップ。

ほどよい甘さがうれしい

ツナとブロッコリーのホットケーキ

材料（幼児1人分）
- ホットケーキミックス …… 30g
- ツナ（オイル漬け・缶詰め）… 小1/4缶
- ブロッコリー …………… 2房
- 牛乳 ……………………… 大さじ1強
- 卵 ………………………… 1/4個分
- 油 ………………………… 少々

作り方
1. ツナは缶汁をきってほぐす。
2. ブロッコリーは熱湯でゆでて水けをきり、小さく刻む。
3. ボウルにホットケーキミックスと牛乳、卵を入れてなめらかにとき、ツナとブロッコリーをまぜる。
4. フライパンを熱して油をなじませ、③を丸く流す。弱火で焼いて表面にプツプツと空気穴があいてきたら裏返し、裏面もきつね色になるまで焼く。

ごはんにのせても、お弁当のおかずにも！

鶏のはちみつ焼き

材料（作りやすい分量・4～5人分）

鶏もも肉 …… 2枚（500g）

A
- しょうゆ　大さじ4
- はちみつ　大さじ2

しいたけ、赤ピーマン、ねぎ …… 各適量

作り方

1. ポリ袋に鶏肉とAを入れてよくもみ、1時間以上おく。
2. しいたけ、赤ピーマン、ねぎはひと口大に切る。
3. オーブントースターのトレイにアルミホイルを敷き、鶏肉を皮目を上に並べる。あいたスペースに②を並べ、10～12分焼く。
4. あら熱がとれたら肉をひっくり返してトレイにたまった肉汁を肉になじませ、食べやすく切る。子ども用は野菜といっしょにピックに刺すと食べやすい。

memo 鶏肉は、ポリ袋に漬け込んだ状態なら冷蔵庫で3～4日保存可能です。野菜はかぼちゃやれんこんでも。

冷凍しておき、ごはんといっしょにチンしてどうぞ

ドライカレー

材料（作りやすい分量・4～5人分）

合いびき肉 …… 300g
玉ねぎ …… 1個
にんにく …… 1かけ
にんじん、ピーマン、しいたけなど …… 合わせて300g
ごはん …… 適量
カレー粉 …… 大さじ2
トマトジュース …… 1カップ
顆粒スープの素 …… 小さじ2
ナンプラー（またはしょうゆ） …… 小さじ2～3
砂糖 …… 小さじ1～2

作り方

1. 野菜はすべてみじん切りにする。
2. フライパンに①、ひき肉、スープの素を入れ、強火で焼きつけるようにしながら全体が色づくまでいためる。カレー粉を振っていため合わせる。
3. ②にトマトジュースを1/4量加えて煮、汁けが減ったら同量のトマトジュースを加える。これをくり返して15分ほど煮てナンプラー、砂糖を加え、汁けをほぼ煮詰める。
4. ごはんに③をまぜ、ゆで卵、プチトマト、レタス（各材料外）を添える。

＊大人は好みでガラムマサラなどを加えても。

おだやかな酸味でお肉がやわらか

豚肉のソースマリネ

材料（作りやすい分量・2～3人分）

豚肩ロース薄切り肉 ………… 200g
玉ねぎ ………………………………… 1/2個
トマトケチャップ ……………… 大さじ4
ウスターソース、油 ………… 各大さじ2
レタス ………………………………… 1/4個
プチトマト ………………………… 適量

作り方

❶豚肉はひと口大、玉ねぎは薄切りにする。
❷なべに湯を沸かして豚肉を入れ、火を止めて箸で手早くほぐす。肉の色が変わったら玉ねぎを加え、すぐざるに上げて水けをきる。
❸ケチャップ、ソース、油を保存容器でまぜ合わせ、②を熱いうちに加える（こしょうやローリエなどを加えてもよい）。よくまぜてそのまま冷ます。
❹器にレタスをざく切りにして盛り、③をのせてプチトマトを添える。

のりとチーズの風味でソースいらずのおいしさ

ひと口チーズとんカツ

材料（大人2人＋幼児1人分）

豚薄切り肉 …………………………………… 8枚
プロセスチーズ（4～5mm厚さ）…… 8切れ
のり ……………………………………………… 1枚
小麦粉、牛乳 ……………………………… 各大さじ1.5
塩 ………………………………………………… 小さじ1/4
パン粉、揚げ油 …………………………… 各適量

作り方

❶豚肉を広げ、それぞれに8等分に切ったのりでチーズ1切れを巻いたものをのせる。チーズがはみ出さないように肉を折りたたむ。
❷小麦粉に塩と牛乳を加えてよくまぜ、①の表面に薄くつけ、パン粉をまぶしつける。
❸フライパンに揚げ油を1～2cmほど入れて180度に熱し、②を入れて両面をこんがり揚げ焼きにする。あら熱がとれたら半分に切って器に盛る。

しょうゆの照りで魚の生ぐさみをやわらげる

ぶりのなべ照り

材料（大人2人+幼児1人分）

ぶり……2切れ
ねぎ……1本
しめじ……1パック
塩……小さじ1/4
かたくり粉……少々
A［しょうゆ、みりん　各大さじ1
　砂糖　大さじ1/2］
油……大さじ1

作り方

1. ぶりは半分に切り塩を振って5分おき、キッチンペーパーで水けをふく。かたくり粉をまぶして余分な粉をはたく。ねぎはぶつ切りに、しめじは石づきをとってほぐす。
2. フライパンに油を熱してぶりを加えて両面を焼き、しめじ、ねぎも横でいっしょに焼く。
3. 余分な油をキッチンペーパーでふきとり、Aを加えて中火で煮る。煮立ったら、フライパンを揺すりながら全体に煮からめる。

スパイスをきかせたパン粉が味のポイント

さんまのパン粉焼き

材料（大人2人+幼児1人分）

さんま（三枚おろし）……2尾
塩、こしょう……各少々
パン粉……1/2カップ
プチトマト……5個
A［イタリアンパセリ　2～3本
　粉チーズ（パルメザン）　大さじ2］

作り方

1. さんまは塩、こしょうを振って3等分に切る。アルミホイルを敷いたオーブントースターのトレイに皮目を上にして並べ入れる。
2. Aをフードプロセッサーにかけてこまかくする。
3. ①に半分に切ったプチトマトと②、パン粉をのせ、オリーブ油少々（分量外）を回しかけてオーブントースターで7～8分焼く。

memo さんまのほか、三枚におろしたあじやいわし、白身魚でもおいしく仕上がります。

白身でやわらかく、子どもが食べやすい

かれいの煮つけ

材料（幼児1人分）

かれい	1/2切れ（30〜40g）
だし	1/2カップ
しょうゆ	小さじ1弱
みりん	小さじ1/2

作り方

1. なべにだし、しょうゆ、みりんを合わせて煮立てる。
2. かれいを入れる。再び煮立ったら落としぶたをして、弱火で4〜5分煮る。

子どもが大好きなクリーム味で食べやすく

ほたてのクリーム煮

材料（大人2人+幼児1人分）

ほたて貝柱	200g
玉ねぎ	1/2個
しいたけ	1/2パック
アスパラガス	1束
プチトマト	1/2パック
バター	大さじ2
小麦粉	適量
生クリーム	1/2カップ
顆粒スープの素	小さじ1
塩	小さじ1/4
こしょう	少々

作り方

1. ほたては薄切りにして塩、こしょうを振って小麦粉をまぶす。玉ねぎは薄切り、しいたけは石づきをとってそぎ切り、アスパラガスは根元1cmを切り落とし、かたい皮をむいて斜め切り、プチトマトは半分に切る。
2. なべにバター半量をとかし、①のほたてを入れ、両面を軽く焼いてとり出す。
3. ②のなべに残りのバターを足して玉ねぎをいため、しんなりしたらアスパラガス、しいたけを加え、生クリーム、スープの素を加える。3分ほど煮たら②とプチトマトを加えてひと煮する。塩、こしょう各少々（分量外）で味をととのえる。

香ばしく焼いたとうふは食べごたえ満点

とうふステーキ

材料（大人2人+幼児1人分）

木綿どうふ……1丁
豚薄切り肉……50g
にら（または万能ねぎ）……1/2束
もやし……100g
えのきだけ……1パック
油……大さじ1/2
A しょうゆ、酒、水　各大さじ1
　かたくり粉　小さじ1

作り方

1. とうふは厚みを半分に切って4等分に切る。キッチンペーパーに包んで水けをきる。
2. にらは2cm長さに、豚肉は細切りに、えのきだけは3cm長さに切ってほぐす。
3. 油を熱したフライパンに①を入れてしょうゆ少々（分量外）を振り、両面をこんがりと焼いて器に盛る。
4. ③のフライパンに豚肉を加えていため、肉の色が変わったら、野菜を加えていためる。Aを加え、とろみをつけてとうふにかける。

外側カリッ、かめばジューシーでお肉とまちがえそう

高野どうふのから揚げ

材料（大人2人+幼児1人分）

高野どうふ……30g
A しょうゆ　大さじ1
　酒（またはみりん）　大さじ1/2
　顆粒だしの素、にんにく（すりおろし）　各少々
かたくり粉、揚げ油……各適量

作り方

1. 高野どうふは水につけてもどし、水けをかたくしぼる。ひと口大のサイコロ状に切る。
2. ボウルにAを入れてまぜ合わせ、①を加えて手で数回押しつけるようにして味をしみ込ませる。
3. ②にかたくり粉をまぶし、中温の揚げ油でカラリと揚げる。

あざやかな見た目で食欲がわく

リボン卵のトマトソース

材料（大人2人+幼児1人分）

卵 …… 3個
A 塩、こしょう　各少々
トマト水煮缶 …… 1/2缶
油 …… 小さじ1
にんにく …… 1かけ
オリーブ油 …… 大さじ2
塩 …… 小さじ1/4
砂糖 …… 小さじ1/2
バジル …… 2枚

作り方

1. 卵は割りほぐしてAを加えてまぜる。
2. フライパンに油を熱して①の半量を流し入れ、約18cm大の厚めの薄焼き卵を作る。残りも同様に焼く。
3. 同じフライパンにつぶしたにんにくとオリーブ油を加えて火にかける。香りが出たら、トマト缶を加えて、へらでつぶしながら中火で5～6分煮て、塩と砂糖で味をととのえる。
4. ②を1.5cm幅に切り、③に加えて軽く煮込む。器に盛り、ちぎったバジルをのせる。

プチプチとした食感が楽しい

コーン入りスクランブルエッグ

材料（幼児1人分）

ホールコーン（缶詰または冷凍）…… 大さじ1
卵 …… 1個
バター …… 小さじ1/4
ケチャップ …… 適量

作り方

1. 卵は割りほぐす。
2. フライパンにバターをとかし、コーンをいためる。全体に油が回ったら、①を加えて大きくまぜながら火を通す。

ベーコンでうまみを出します
トマトとベーコンのスープ

材料（幼児1人分）
トマト …………… 小1/2個
ベーコン ………… 1/2枚
顆粒スープの素（洋風）…………… 少々
塩 ……………………… 少々

作り方
❶ トマトは小さめの角切りにする。ベーコンは細く切る。
❷ なべに水1/2カップ、スープの素を合わせて煮立たせる。
❸ ベーコン、トマトを加え、再び煮立ったら塩少々を振る。

しょうゆの香ばしさでごはんが進む
にんじんとえのきのきんぴら

材料（大人2人+幼児1人分）
にんじん …………… 小1本（約100g）
えのきだけ ……… 1パック（約100g）
ごま油 ……………… 大さじ1
A しょうゆ、みりん 各大さじ1
削り節 ……………… 1袋（5g）

作り方
❶ にんじんはせん切りに、えのきだけは根元をほぐして3等分に切る。
❷ フライパンに①とごま油を入れていため、しんなりしたらAを加えてさらにいため合わせる。
❸ 仕上げに削り節を入れてひとまぜし、器に盛る。
＊大人は好みで七味とうがらしを振っても。

歯ざわりよく、コクのあるソースで食べやすく

温野菜のピーナッツソース

材料(大人2人+幼児1人分)

かぼちゃ	200g
スナップえんどう	6本
ピーナッツバター(甘みの少ないもの)	大さじ2
桜えび	大さじ2
にんにく(みじん切り)	少々
油	少々
A 砂糖	小さじ1
A 牛乳	1/4カップ
B マヨネーズ	大さじ2
B 塩	少々

作り方

1. かぼちゃはひと口大に、スナップえんどうは筋をとって斜め切りにする。
2. ①を耐熱容器に入れ、ラップをかけて電子レンジで7分加熱して器に盛る。
3. 桜えびはフードプロセッサーにかけてこまかくするか、紙の上でこまかく刻む。
4. 油を熱したフライパンに③とにんにくを入れ、弱火で軽くいためて香りを出す。ピーナッツバターを加え、Aを加えてまぜ、ひと煮する。火からおろしてBを加えてまぜ合わせ、②にかける。

お花のようなきれいな見た目で食欲をそそる

ほうれんそうのミモザサラダ

材料(大人2人+幼児1人分)

ほうれんそう	200g
ハム	2枚
卵	1個
A マスタード	ごく少々
A 塩	小さじ1/4
A 砂糖	小さじ1/2
A 酢	小さじ2
A 油、水	各大さじ1

作り方

1. ほうれんそうはゆで、1～2cm長さに切って水けをしぼってほぐし、器に盛る。
2. 卵はかたゆでにして殻をむき、黄身は万能こし器などで裏ごしし、白身はこまかいみじん切りにする。ハムはみじん切りにする。
3. ①の上に②を彩りよく散らす。Aをまぜ合わせたドレッシングをかける。

だしを少し加えておいしさアップ!

青菜ののりあえ

材料(幼児1人分)

ほうれんそう	30g
だし	少々
しょうゆ	少々
のり	少々

作り方

1. ほうれんそうはたっぷりの湯でやわらかめにゆでて水にとり、水けをしぼって1～2cm長さに切り、もう一度しぼる。
2. ボウルにだしとしょうゆを合わせてまぜ、①、ちぎったのりを加えてあえる。

シャキッとした食感で食欲アップ

大根とじゃこのサラダ

材料（大人2人+幼児1人分）

大根 ……………… 5cm
プチトマト …… 3個
ちりめんじゃこ … 1/2カップ
油 ……………………… 大さじ2
A［薄口しょうゆ、酢、油 各大さじ1
　 しょうが汁 少々
刻みのり ………… 適量

作り方

1. 大根はピーラーで縦に薄切りにする。プチトマトは4つに切る。
2. じゃこは油をまぶしてフライパンに入れ、カラリとするまでいためる。キッチンペーパーにのせて油をきる。
3. 器に①を盛って、②をのせ、刻みのりを振る。
4. 食べる直前にAをよくまぜ合わせ、③にかける。

肉みそは多めに作っておくと重宝

ふろふき玉ねぎの肉みそがけ

材料（大人2人+幼児1人分）

玉ねぎ（あれば新玉ねぎ）…………… 3個
A［昆布 5cm
　 酒 大さじ2
豚ひき肉 …………… 50g
しょうが（すりおろす）……………… 小さじ1
みりん ……………………………………… 大さじ2
B［みそ 大さじ3
　 砂糖 大さじ1

作り方

1. 玉ねぎは縦半分に切って、半分の深さまで放射状に切り込みを入れる。
2. なべに水3/4カップとA、玉ねぎを加え、ふたをして強火にかけ、沸騰したら火を弱め、15分ほど蒸し煮にしてとり出し、玉ねぎを器に盛る。蒸し汁大さじ3を取り分けておく。
3. ②のなべにひき肉、しょうが、みりんを入れてよくまぜ、火にかける。②の蒸し汁とBを加えてねりまぜ、肉みそを作る。
4. 玉ねぎに③の肉みそをかける。

さっとカンタンに作れるお助けメニュー

きゅうりとパプリカの甘酢いため

材料（大人2人+幼児1人分）

- きゅうり …… 1本
- パプリカ（赤） …… 1/2個
- A
  - 塩　小さじ1/3
  - 酢、砂糖　各大さじ1
  - しょうが汁　少々
- ごま油 …… 大さじ1/2

作り方

1. きゅうりは縦半分に切ってスプーンで種をとり、斜め切りにする。パプリカは縦半分に切ってから7〜8mm幅に切る。
2. ごま油を熱したフライパンで①をいため、しんなりしたらAを加えて軽くいため合わせて、冷ます。

memo 2才を過ぎたら、かみごたえのある野菜にトライ。奥歯でしっかりかんでいるか確認しましょう。

うまみ食材とあえれば葉野菜もパクパク

白菜の塩昆布サラダ

材料（大人2人+幼児1人分）

- 白菜 …… 200g
- ハム …… 3〜4枚
- 塩昆布 …… 大さじ1
- A オリーブ油、酢　各大さじ1

作り方

1. 白菜はラップで包むか、ポリ袋に入れて電子レンジで2分加熱する。ざるに広げて冷まし、ざく切りにして水けをしぼる。
2. ハムは短冊切りにして、①と塩昆布、Aを加えてまぜ合わせる。

なすの皮をむいてなめらかに

なすの鶏そぼろあん

材料（幼児1人分）

- なす …… 1/2個
- ごま油 …… 小さじ2
- しょうゆ …… 少々
- そぼろあん
  - 鶏ひき肉　25g
  - 水　1/4カップ
  - 鶏がらスープの素　少々
  - オイスターソース　小さじ1/2
  - 水どきかたくり粉（かたくり粉小さじ1/4＋水大さじ1/4）

作り方

1. なすは皮をむき、5mm厚さの半月切りか輪切りにする。水にさらしてアクを抜き、水けをしぼる。
2. フライパンにごま油を熱し、なすを入れて弱めの火でじっくりといため、なすがしんなりとしたらしょうゆを振ってさっとからめ、とり出す。
3. あいたフライパンにひき肉を入れてポロポロにいため、水とスープの素を加える。煮立ったらオイスターソースで調味し、水どきかたくり粉を加えてとろみをつけ、なすを戻してからめる。

ほんのりカレー味できのこのうまみがアップ

きのこのマリネ

材料（大人2人+幼児1人分）

きのこ（しいたけ、白まいたけなど好みで）……合計3パック
玉ねぎ……1/4個
A
塩　小さじ1弱
酢、オリーブ油　各大さじ2
砂糖　ひとつまみ
カレー粉　小さじ1/2
ベーコン……2枚
レタス……1〜2枚

作り方

1. しいたけは石づきをとって薄切りに、まいたけは小房に分ける。玉ねぎは薄切りにする。
2. 耐熱皿に①とAを加えてまぜ、ラップをかけて電子レンジで5分加熱する。ひとまぜしてそのまま冷ます。
3. ベーコンはフライパンに入れて弱火でじっくり焼き、キッチンペーパーにはさんで余分な脂をふきとって細切りにする。
4. レタスを敷いた器に②を盛り、③をのせる。

とろ〜り、ネバネバ。いろんな食感を楽しんで

もずく納豆そうめん

材料（大人1人+幼児1人分）

そうめん……3束
青じそ……5〜6枚
納豆（小粒）……1〜2パック
オクラ……6本
味つけもずく……1パック
温泉卵（または半熟卵）……2個
めんつゆ……適量

作り方

1. オクラはラップに包んで電子レンジで1分加熱し、水にさらしてこまかく刻む。青じそは縦3等分にしてせん切りにする。納豆は添付のたれを加えてよくまぜる。
2. そうめんは袋の表示どおりにゆで、流水で洗って冷水につけ、水けをきって器に盛る。
3. ②に①の青じそをまぜて器に盛り、残りの①と温泉卵、もずくをたれごとのせてめんつゆを回しかける。

memo もずくはカルシウムや鉄が多く、便通をよくする働きも。キッチンばさみで短めに切って。

おなかの調子が悪いときもおすすめ

里いものポテトサラダ

材料（大人2人+幼児1人分）

里いも ………… 3個
きゅうり ………… 1/2本
ホールコーン ………… 大さじ1
マヨネーズ ………… 大さじ1.5
塩 ………… 適量
こしょう ………… 少々

作り方

1. 里いもは皮つきのままゆでて、あら熱がとれたら皮をむいてフォークの背でつぶす。
2. きゅうりは薄切りにして塩少々を振ってもみ、しんなりしたら水けをきつくしぼる。
3. ボウルに①と②、水けをきったコーンを合わせ、マヨネーズであえて塩とこしょうで味をととのえる。

ごまだれをからめてわかめを食べやすく

わかめとささ身のしゃぶしゃぶ風

材料（大人2人+幼児1人分）

鶏ささ身 ………… 4〜5本
塩蔵わかめ ………… 約50g
えのきだけ ………… 1パック
A 昆布　5cm
A 酒　大さじ2
B すり白ごま　大さじ1
B マヨネーズ　大さじ3
B しょうゆ　小さじ1

作り方

1. ささ身は薄くそぎ切りにする。わかめはたっぷりの水につけてもどし、約10cm長さに切る。子ども用は筋の部分をとり除いて、短めに切る。えのきだけは石づきをとってほぐし、3cm長さに切る。
2. なべに水2〜3カップとAを加えて火にかけ、煮立ったら①を少しずつ加え、火の通ったものから引き上げる。
3. 子ども用は汁けをきったものを器に盛り、Bをまぜ合わせたものをかける。

＊大人は食卓でしゃぶしゃぶし、好みでポン酢しょうゆや薬味を使って。

大人の分といっしょに作ってもOK

なめこ汁

材料（幼児1人分）

なめこ ………… 20g
だし ………… 1/2カップ
みそ ………… 小さじ1/2
小ねぎ（みじん切り） …… 少々

作り方

1. なべにだしを入れてあたためる。なめこを加えて煮立ったら、1〜2分ほど煮、みそをとき入れる。
2. 煮立つ直前に火を止めて器に盛り、小ねぎを散らす。

ふんわりやさしい甘みです

蒸しパン

材料（作りやすい分量・6個）

小麦粉	100g
ベーキングパウダー	小さじ2
牛乳	1/4 カップ
卵	1個
砂糖	60g

*残りはラップで包んで冷凍。

作り方

❶小麦粉とベーキングパウダーは、合わせてふるう。

❷ボウルに牛乳と卵は合わせて泡立て器でまぜ、砂糖を加えてさらにまぜる。①を加え、粉っぽさがなくなるまでゴムべらでよくまぜる。

❸紙の型に流し込み、蒸気が上がった蒸し器に並べ入れ、10～15分蒸す。竹串を刺してみて、何もついてこなければ OK。

いっしょに白玉を作れば楽しさも満点

フルーツ白玉

材料（大人1人+幼児1人分）

白玉粉	1/2 カップ
木綿どうふ	1/4丁
オレンジなど好みのフルーツ	約100g
コンデンスミルク	適量

作り方

❶ボウルに白玉粉とどうふを入れ、なめらかになるまでこねる。かたい場合は水を少しずつ加えながらこね、耳たぶほどのやわらかさにする。

❷なべに湯を沸かし、①を丸めて落とし入れながらゆでる。浮き上がって1～2分ほどたったものから引き上げ、氷水につけて冷やす。

❸オレンジは皮をむいて食べやすく切る。

❹②の水けをきって③とともに器に盛り、コンデンスミルクをかける。

お菓子のようなコクとさっぱりした甘さ

ココアフレンチ

材料（大人１人+幼児１人分）

食パン（６枚切り）…… １枚
卵 …… １個
ココア、砂糖 …… 各大さじ１
牛乳 …… 1/4 カップ
バター …… 大さじ１
粉糖（あれば）…… 少々

作り方

1. 食パンは６等分に切る。
2. ボウルにココアと砂糖を入れてまぜ、卵、牛乳の順に加えてそのつどよくまぜる。①を加えて汁けがなくなるまでパンにしみ込ませる。
3. フライパンにバターをとかして②を並べ入れ、弱火で両面をじっくり焼く。器に盛り、粉糖を振る。

とうふが入って冷めてもモチモチ

桜えびもち

材料（大人１人+幼児１人分）

白玉粉 …… 60g
とうふ …… 100g
桜えび …… 大さじ２
青のり、油 …… 各小さじ１
塩 …… 少々

作り方

1. とうふは軽く水けをきり、白玉粉を加えてなめらかになるまでよくねりまぜる。
2. 桜えびは飾り用に数尾を残して刻み、①に加えてまぜる。
3. ②の半量を取り分けて青のりを加えてまぜる。それぞれ食べやすい大きさに丸めて円盤状につぶす。
4. フライパンに油を熱して③を並べ入れ、ふたをして弱火で焼く。表面がぷっくりしたら裏返し、全体がこんがりするまで焼く。とり出して塩を振る。

memo 桜えびのかわりに干しぶどうやむき甘栗を刻んだものを加え、最後に砂糖を少量振りかけても。

3才〜5才の食事のポイント

ひとりで食べられ、4才ごろからはお箸も使えます

手先の動きも器用になり、ひとりでじょうずに食べられるようになってきます。ことばでコミュニケーションがとれるようになり、記憶力も発達するので、「これを食べたら遊ぼうね」といった条件づけも理解できるようになります。4才くらいからお箸も使えるようになりますが、できる時期には個人差がありますから、あせらずに。少しずつ練習していきましょう。

食事の時間と遊びの時間の区切りをはっきりとさせ、大人といっしょに食事をすることで、食事のマナーも自然に身につけていきます。またお手伝いを通して食の楽しさを伝えるのもよい時期です。むずかしいことはできないので、お箸を並べる、器を出すなど簡単なことから役割を与えていくとよいですね。

ここがポイント

いろいろな食感を体験させましょう

やわらかいものばかりでなく、パリパリしたもの、カリッとしたものなど食感に変化をつけて。

口に入りやすい大きさに切ってあげて

ピザトーストなど食べにくいものは、子どもの口に入りやすいよう2〜3等分に切って。

ごはんは大人と同じものが食べられます

子ども用に炊かなくてもだいじょうぶ。大人と同じ、ふつうに炊いたごはんでOK。

お箸の持ち方レッスン

正しいお箸の使い方は、2本の箸の両方を動かすのではなく、下の箸はしっかり固定し、上の箸を動かします。

1

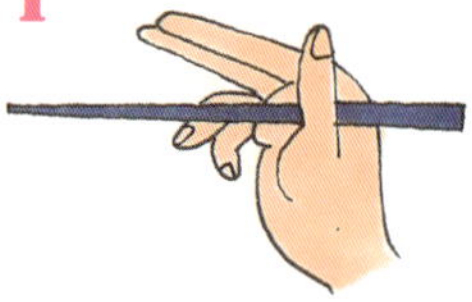

箸の片方（下側）は親指の根元にはさみ、親指と薬指で支えます。

2

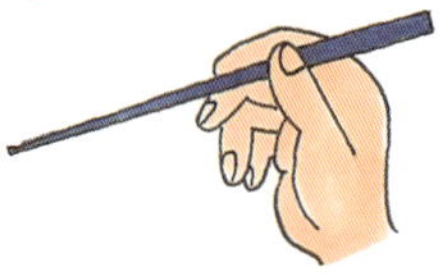

もう一本の箸（上側）は親指の腹ではさみ、人さし指を添え、中指で支えます。えんぴつの持ち方と同じです。

3

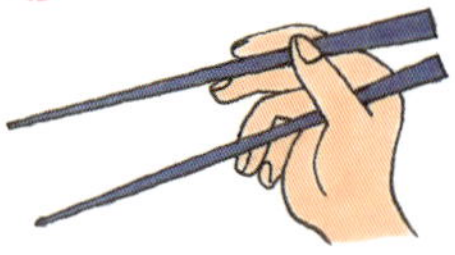

小指は薬指に添わせて、しっかり箸を支えます。上の箸だけを動かして、箸先で食べ物をつまみます。

1日にとりたい食品と分量の目安

1日の摂取エネルギーの目安

男の子 1300kcal　女の子 1250kcal

主菜

肉類　40～50g
（薄切り肉なら大2枚）

魚類　40～50g
（切り身大1/2切れ）

卵　M1個

とうふ　40g

＊とうふのかわりに納豆大さじ2でもOK。

主食

ごはん
120g×2杯

食パン6枚切り
1枚

＊ごはん、パンなどを合わせて250～350g。ごはん1杯120gか食パン6枚切り1枚のかわりにゆでうどん3/5玉でもOK。

乳製品・果物

果物 150～200g
（みかん1個+バナナ1/2本）

乳製品 400g
（牛乳コップ2杯+プロセスチーズ1切れ
+プレーンヨーグルト小1個）

副菜

淡色野菜　90g
（きゅうり1/4本
＋玉ねぎ1/6個＋かぶ1/4個
＋キャベツ1/2枚）

緑黄色野菜　60g
（小松菜1株
ピーマン1/2個、
トマト1/4個）

いも類　40g
（じゃがいもなら小1/2個）

海藻類
少々

きのこ類
少々

3才～5才の献立例

3食とおやつでエネルギーと栄養をきちんと補給。
いろいろな食感を体験させ、かむ力もつけましょう。

朝ごはん

●●ピザトースト
→レシピ P78

●ミニトマトのサラダ
→レシピ P87

●野菜スープ
→レシピ P155

●グレープフルーツ

memo 野菜とハムをのせて焼いたピザトースト。チーズも使うので、パンと野菜、タンパク質源がバランスよくとれます。忙しい朝は下ごしらえがラクなミニトマトのサラダや作りおきした野菜スープの素で簡単に作れるスープがおすすめ。ビタミンＣ豊富な果物も添えて。

昼ごはん

●●きのこ入りミートソースパスタ
→レシピ P155

●きゅうりと大豆のサラダ →レシピ P89

memo 刻んだきのこ入りのミートソースは子どもにも食べやすい料理。写真では、手でつまんでも食べられるショートパスタにからめていますが、スパゲティやうどんにからめても OK。サラダは大豆入りなのでタンパク質もとれます。お茶か水を添えて水分補給も忘れずに。

夕ごはん

- ごはん
- かじきの照り焼き レシピ→ P83
- アスパラガスの白あえ レシピ→ P86
- かぶとかぶの葉のみそ汁 レシピ→ P89

memo 昼に肉を食べているので、夜は魚の献立に。かじきは骨や皮がなく、料理しやすい魚です。アスパラは白あえにすると大豆製品もとれて栄養アップ。汁の具のかぶは根は淡色野菜、葉は緑黄色野菜なので栄養が効率よくとれます。

おやつ

さつまいもチップス
→レシピ P121

- 牛乳

memo 甘みがあってエネルギー補給ができるうえ、ビタミンCや食物繊維もとれるさつまいもは、おやつにおすすめの食材。シンプルに蒸して食べるのもよいですが、薄切りにして油で揚げると、パリパリの食感が楽しいおやつに。乳製品がしっかりとれるよう、牛乳を添えて。

桜えびの香りときのこの食感で食欲をそそる

エリンギと桜えびのまぜごはん

材料（大人２人+幼児１人分）

ごはん……400g
桜えび……1/4カップ
エリンギ……１パック
ごま油……大さじ１
A しょうゆ、酒　各大さじ１
いり白ごま……大さじ２
青のり……少々

作り方

❶エリンギは薄切りにして3㎝長さに切り、ごま油を熱したフライパンでいため、Aを加えて味つけする。
❷桜えびは耐熱皿にのせ、電子レンジで１～２分加熱して手であらくつぶす。
❸あたたかいごはんに①と②とごまを加えて、まぜ合わせる。味をみて、塩少々（分量外）でととのえる。器に盛って、青のりを振る。

そろそろどんぶり物もOK

焼き肉どんぶり

材料（幼児1人分）

牛肉（焼き肉・厚さ２～3㎜）……30g
ごはん……茶わん１杯（100g）
キャベツ……15g
にんじん……10g
ピーマン……5g
焼き肉のたれ（市販品）……大さじ１
油……小さじ１強

作り方

❶牛肉は食べやすい大きさに切る。
❷キャベツは幅２㎝に切り、にんじんとピーマンはせん切りにする。
❸焼き肉のたれを①と②、それぞれにからめる。
❹フライパンを熱して油小さじ１を引き、肉の両面をよく焼いてとり出す。
❺④に油小さじ少々を足して野菜をいためる。
❻あたたかいごはんに④、⑤をのせる。

やっぱり大好き！ ママの味

ミニオムライス

材料（幼児1人分）

- あたたかいごはん　80g
- ハム　1/2枚
- ミックスベジタブル　40g
- 油　小さじ1.5
- トマトケチャップ　小さじ1
- 塩、こしょう　各少々
- A
  - 卵　2個
  - 牛乳　小さじ1
  - 塩、こしょう　各少々
- バター　大さじ2/3

作り方

1. ハムは5㎜角に刻む。
2. 油を熱してごはんをいため、パラリとしたらハムとミックスベジタブルを加えていため合わせ、ケチャップを加えていため、塩とこしょうを振って、とり出す。
3. フライパンにバターをとかし、よくまぜたAの卵液を流して丸く広げ、②を中央に縦長におく。卵を左右からかぶせて形をととのえ、器に盛って十文字に切り目を入れる。

かぼちゃのとろ～りと甘い味が食欲をそそる

かぼちゃとトマトのリゾット

材料（幼児1人分）

- ごはん　50g
- かぼちゃ　40g
- トマト　1/4個
- バター　小さじ1
- 顆粒スープの素　小さじ1/4
- 塩、こしょう　各少々
- 粉チーズ　少々

作り方

1. かぼちゃは薄く切る。
2. トマトはあらいみじん切りにする。
3. ごはんはざるに入れて軽く洗い、水けをきる。
4. なべにバターをとかしてかぼちゃをいため、つやが出たらトマトを加えてさっといためる。水2カップとスープの素を加え、煮立ったらごはんを加えて弱めの中火にし、10分ほど煮る。
5. 汁けが少なくなったら、塩とこしょうで味をととのえ、器に盛って粉チーズを振る。

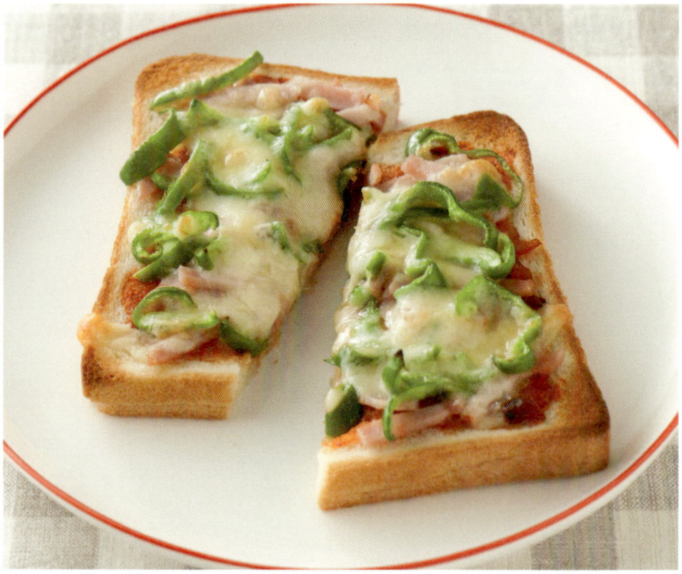

具だくさんで栄養バランスがよい

ピザトースト

材料（幼児1人分）

食パン（8枚切り）………… 1枚
ピーマン ………………………… 1/2個
ハム ……………………………… 1枚
ピザソース（市販）………… 小さじ2
ピザ用チーズ ……………… 20g

作り方

1. ピーマンは細切りにする。ハムも同様に切る。
2. 食パンの片面にピザソースを塗り、ピーマン、ハム、ピザ用チーズをのせる。オーブントースターでチーズがとけてこんがりとするまで焼く。

コクのあるマイルドな味はトマトが苦手な子も◎

サーモンのトマトクリームパスタ

材料（大人1人+幼児1人分）

スパゲティ ……………………… 100g
スモークサーモン …………… 50g
アスパラガス ………………… 2本
プチトマト ……………………… 3〜4個
生クリーム ……………………… 1/2カップ
塩 ………………………………… 少々

作り方

1. 塩適量（分量外）を加えた湯で表示の時間どおりにパスタをゆで、ゆで上がり2分前に斜め切りにしたアスパラガスを加えていっしょにゆでてざるに上げる。
2. フライパンにスモークサーモンを入れていため、色が変わったらつぶすようにほぐす。横半分に切ったプチトマトと生クリームを加えて軽くいため合わせて火を止める。
3. ②に①を加えて全体をまぜ合わせ、塩で味をととのえる。

＊大人は好みで黒こしょうを振る。

memo フォークで食べやすいように 5cmくらいの長さに切ってもよいでしょう。

食パンで簡単にできて、栄養満点

キッシュ風トースト

材料（大人1人+幼児1人分）

食パン（8枚切り）……… 2枚
ブロッコリー……………… 4～5房
A［ツナ缶　小1缶
　 マヨネーズ　大さじ1
B［卵　1個
　 牛乳（または生クリーム）1/4カップ
　 塩　少々
ピザ用チーズ……………… 適量

作り方

❶食パンのみみの内側5mmほどの部分に包丁の先で切り込みを入れ、内側の白いパンの部分を指で下に押しつぶす。みみは枠として残し、白い部分と切り離さないように注意する。
❷ブロッコリーはゆでておく。A、Bはそれぞれまぜ合わせておく。
❸オーブントースターのトレイに①をのせ、つぶした部分にAとブロッコリーを等分にのせ、Bを流し入れてチーズを散らす。
❹7～8分焼き、斜め半分に切る。

野菜もたっぷりとれてのどごしもよい

煮込みうどん

材料（大人1人+幼児1人分）

うどん（ゆで）………… 1玉
にんじん………………… 5cm（50g）
大根……………………… 5cm（100g）
小松菜…………………… 30g
豚切り落とし肉………… 50g
酒………………………… 大さじ1
かたくり粉……………… 小さじ1
だし……………………… 3カップ
A しょうゆ、みりん　各大さじ2

作り方

❶にんじん、大根は、ピーラーでリボン状に薄く切る。小松菜は3cm長さに切る。豚肉に酒とかたくり粉をまぶす。
❷なべにだしとAを加えて煮立て、野菜と豚肉を箸でほぐしながら加える。
❸火が通ったら、うどんを加えてひと煮立ちさせ、味をみて、しょうゆ少々（分量外）でととのえる。
＊大人は好みでしょうがのせん切りをのせても。

ビタミンBと鉄、亜鉛がたっぷり

レバー入りハンバーグ

材料（幼児1人分）

合いびき肉 ………………………… 40g
焼き鳥のレバー（市販品）‥ 10g
玉ねぎ ………………………………… 10g
油 ……………………………………… 大さじ1/4
パン粉、牛乳 …………………… 各大さじ1/2
塩、こしょう、ナツメグ … 各少々
マッシュポテト（じゃがいも50g　牛乳大さじ1/2　塩少々）
ミニトマト ………………………… 2個
トマトケチャップ …………… 大さじ1/4
ウスターソース ……………… 大さじ1/4

作り方

❶玉ねぎはみじん切りにして油をからめ、耐熱皿に広げて電子レンジ強で20秒加熱して冷ます。
❷ボウルにパン粉を入れて牛乳をまぜ、パン粉がしっとりするまでおく。
❸焼き鳥のレバーはみじん切りにする。
❹ボウルにひき肉、①〜③、塩、こしょう、ナツメグを加えて、粘りが出るまでねりまぜ、2つに分けてそれぞれ小判形にまとめる。
❺フライパンに油（分量外）を熱し、④を入れて両面に焼き色をつけ、ふたをして弱火にし、蒸し焼きにする。くしを刺してにごった汁が出なくなったら火が通っている。
❻マッシュポテトは、じゃがいもを小さく切って水からゆで、粉ふきいもにし、熱いうちにスプーンの背でつぶして牛乳と塩を加えてなめらかにまぜる。
❼器に⑤を盛り、⑥とミニトマトを添え、ケチャップとソースをまぜてハンバーグにかける。

アミノ酸とビタミンで頭のスタミナを増進

豚肉と野菜のいため物

材料（幼児1人分）

豚薄切り肉 ………………………… 30g
にんじん、セロリ …………… 各適量
酒、かたくり粉 ……………… 各小さじ1
塩、油、しょうゆ …………… 各少々

作り方

❶豚肉は細切りにし、酒、かたくり粉、塩をまぶしておく。
❷①を油でいため、せん切りにしたにんじんとセロリを加えていため合わせ、しょうゆで味つけをする。

骨や筋肉を丈夫にするコラーゲン満点

鶏肉と野菜のトマト煮

材料（幼児1人分）

鶏もも肉 ………………… 50g
ブロッコリー …………… 2房
じゃがいも ……………… 1/3個
バター …………………… 小さじ1
顆粒スープの素 ………… 小さじ1/4
トマトの水煮（缶詰め）… 1/4カップ
塩、こしょう …………… 各適量

作り方

❶鶏肉は2cm角に切って塩とこしょう各少々を振る。
❷ブロッコリーは熱湯でゆでて小さく切る。じゃがいもは5mm厚さのいちょう切りにし、水にさらして水けをきる。
❸なべにバターをとかし、鶏肉をいためる。表面が白くなったらじゃがいもを加えていため合わせ、じゃがいもにつやが出たら水3/4カップとスープの素を加えて煮る。
❹じゃがいもに火が通ったら、トマトを手でつぶしながら加え、ブロッコリーを加えてひと煮し、塩とこしょうで味をととのえる。

ひき肉もふっくら口当たりよくなって一石二鳥

れんこん入り肉だんご

材料（幼児1人分）

豚赤身ひき肉 …………… 50g
れんこんのすりおろし … 40g
しょうゆ、塩、こしょう … 各少々
揚げ油 …………………… 適量

作り方

❶ボウルにひき肉とれんこんのすりおろし、しょうゆ、塩、こしょうを入れてよくまぜ、直径2cmくらいのだんご状に丸める。
❷揚げ油を170度に熱して①を入れ、ときどき転がしながらきつね色になって浮き上がってくるまで揚げる。

香ばしい甘辛味で

あじのかば焼き

材料（幼児１人分）

あじ ……………………… 1/2尾（三枚おろしの半身）

A しょうゆ、みりん　各小さじ１

小麦粉 ………………… 少々

油 ……………………………… 小さじ１

作り方

❶あじは腹骨をすきとり、背身と腹身の間に並ぶ小骨を抜き、２つにそぎ切りにする。A につけて５〜６分おき、汁けをふいて小麦粉を薄くまぶす。

❷フライパンに油を熱し、身の側を下にして入れ、焼き色がついたら返して皮の側をこんがりと焼く。残ったつけ汁を流し入れ、もう一度返しながら香ばしく焼き上げる。

＊骨が口に刺さる経験をして魚嫌いになることが多いので注意。指先や毛抜きでも抜けるが、専用の骨抜きを使うと手軽。

淡泊な味の魚を揚げてコク＆ボリュームアップ

さわらの立田揚げ

材料（幼児1人分）

さわら ………………………………… 30g

A しょうゆ、みりん　各小さじ 1/4

グリーンアスパラガス …… 20g

にんじん ………………………… 10g

かたくり粉 ……………………… 少々

揚げ油 …………………………… 適量

作り方

❶さわらは食べやすい大きさに切り、A をまぶして１分ほどおく。

❷グリーンアスパラガスとにんじんはスティック状に切ってやわらかくゆでる。

❸①の汁けをふいてかたくり粉をまぶし、170 度の揚げ油で揚げる。

フライパンで手軽に作れる魚料理

かじきの照り焼き

材料(幼児1人分)

かじき……50g
しょうゆ、みりん……各小さじ1
油……小さじ1/2

作り方

1. フライパンにサラダ油を熱し、かじきを入れる。
2. 両面をこんがりと焼いたら、フライパンの余分な油をペーパータオルでふき、かじきにしょうゆ、みりんを加えてからめる。

野菜をたくさん使って彩りよく

生鮭の野菜あんかけ

材料(幼児1人分)

生鮭……1/2切れ(40～50g)
A[塩、こしょう　各少々
　酒　小さじ1
鶏がらスープの素……小さじ1/5
にんじん……10g
三つ葉……2本
しょうゆ……少々
水どきかたくり粉(かたくり粉　小さじ1/2＋水　大さじ1/2)

作り方

1. 鮭は骨を除いてひと口大に切り、Aを振ってラップをかけ、電子レンジ強で1分加熱し、ラップをしたまま蒸らす。
2. にんじんは2㎝長さの短冊形に切り、三つ葉はみじん切りにする。
3. なべに水1/3カップとスープの素、にんじんを入れて火にかけ、にんじんがやわらかくなるまで煮る。三つ葉を加え、しょうゆで調味して水どきかたくり粉を流してとろみをつける。
4. 鮭を器に盛り、③をかける。

なめらかミルク味＋ひき肉あんで食べやすい

ミルク茶わん蒸し

材料（大人２人＋幼児１人分）

卵 …………… １個
牛乳 …………… １カップ
塩 …………… 小さじ 1/4 弱
鶏ひき肉 …………… 50g
A［しょうが汁　小さじ１
　 みりん、薄口しょうゆ　各大さじ 1/2
だし …………… 1/4 カップ
B［かたくり粉　小さじ 1/2
　 水　小さじ２
グリーンピース …………… 少々

作り方

❶卵は割りほぐし、牛乳と塩を加えてよくまぜ、器に入れる。
❷なべにキッチンペーパーを１枚敷き、①の器を並べる。器の下 2cmほどまで水を入れ、ふたをして沸騰するまで強火で２～３分、火を弱めて 15 ～ 20 分蒸す。
❸別なべにひき肉、A を入れてよくまぜ合わせてから火にかけ、ひき肉がパラパラになったら、だしを加えて煮立てる。グリーンピースを加えて B をよくまぜ合わせて加え、とろみがついたら②にかける。

手づかみでパクパク。お弁当にも向きます

切り干し大根のオムレツ

材料（大人２人＋幼児１人分）

切り干し大根 …………… 30g
卵 …………… ４個
しょうゆ …………… 大さじ１
かたくり粉 …………… 大さじ１
粉チーズ …………… 大さじ３
ちりめんじゃこ …………… 大さじ３～４
万能ねぎ（小口切り） …… 1/2 本
油 …………… 大さじ２

作り方

❶ 切り干し大根は手早くもみ洗いして、短めに切る。水 1/2 カップを加え、耐熱皿に入れてラップをかけ、電子レンジで約４分加熱する。しょうゆを加えてまぜる。
❷ボウルに卵を割りほぐし、かたくり粉を同量の水でといて加える。①、粉チーズ、じゃこ、万能ねぎを加えてよくまぜ合わせる。
❸フライパンに油を熱し、②を流し入れて箸でまぜながら半熟状に焼き、火を弱めてふたをして１～２分焼く。裏返して両面をこんがり焼き、切り分ける。

ドッグパンにはさんでも、パスタに入れてもOK

チリコンカン

材料（大人２人+幼児1人分）

ひよこ豆（ドライパック缶）……２缶
玉ねぎ……1/2個
ピーマン……２個
にんにく……１かけ
合いびき肉……150g
トマト缶……1/2缶
顆粒スープの素……小さじ２
ウスターソース……小さじ１

作り方

❶玉ねぎ、ピーマン、にんにくはみじん切りにする。
❷フライパンに①とひき肉、スープの素を加えてよくまぜて入れ、火にかける。ひき肉の色が変わったら、ひよこ豆と水１カップ、トマト缶を加えて20分ほど煮る。ウスターソースや好みのスパイスで味をととのえる。
＊ひよこ豆は大豆の水煮缶にしてもよい。大人は好みでチリパウダーを加えても。

栄養バランスばっちり。ごはんも進みます

カラフルマーボーどうふ

材料（大人２人+幼児1人分）

木綿どうふ……１丁
長いも……50g
プチトマト……５個
オクラ……５本
豚ひき肉……100g
A［長ねぎ（みじん切り）　大さじ２
にんにく、しょうが（各みじん切り）
各小さじ１］
かたくり粉……小さじ２

作り方

❶とうふは2cm角、長いもは1cm角、オクラは小口切りにする。
❷なべにひき肉、A、鶏がらスープの素小さじ１、オイスターソース大さじ１（各分量外）を入れて肉をほぐしながら加熱し、肉がパラパラしたら水3/4カップを加える。
❸②が沸騰したらとうふとプチトマトを加えて５〜６分煮る。トマトの皮をとり、オクラを加えて３分煮る。かたくり粉を水大さじ２でといて加え、約1/6量を器に盛る。
＊大人は豆板醤《トウバンジャン》やねぎをいためて加える。

とうふでタンパク質もとれます

アスパラガスの白あえ

材料（幼児１人分）

グリーンアスパラガス …… ２本
木綿どうふ ………………… 1/8丁（40ｇ）
A すり白ごま　小さじ1/4
A 砂糖　小さじ1/4
A しょうゆ　少々

作り方

❶アスパラガスはかたい根元の皮をむき、やわらかめにゆでて斜め切りにする。
❷とうふはペーパータオルに包み、おもしをして15分おき、水きりする。
❸ボウルに豆腐をくずし入れてゴムべらでなめらかにまぜ、Aを加えてまぜる。アスパラガスを入れてあえる。

ピーマン嫌い返上メニュー

ピーマンのカレーきんぴら

材料（幼児1人分）

ピーマン ………………… 1/2個
ベーコン ………………… 1/2枚
バター …………………… 小さじ1/2
カレー粉、塩、こしょう …… 各少々

作り方

❶ピーマンは縦半分に切ってへたと種を除き、横に細く切る。ベーコンも細く切る。
❷湯を沸かしてピーマンを入れ、色が鮮やかになったらとり出し、水けをきる。
❸フライパンを熱してバターをとかし、ベーコンを入れていためる。ベーコンの脂が出てきたらピーマンを加えてしんなりするまでいため、カレー粉と塩、こしょうで調味する。

揚げた香ばしさ＆みその風味で

揚げにんじんの甘みそあえ

材料（幼児1人分）

にんじん ……… 40g
みそ ……… 小さじ1/2
はちみつ ……… 小さじ1/6
揚げ油 ……… 適量

作り方

1. にんじんは2㎝大の乱切りにする。
2. 揚げ油を低温に熱し、にんじんを入れて浮き上がるまで揚げ、網に上げて油をきる。
3. 耐熱容器にみそとはちみつを合わせてラップをかけ、電子レンジ強で約10秒加熱する。あら熱がとれたらねりまぜ、揚げたにんじんを加えてからめる。

市販のドレッシングであえるだけ！

ミニトマトのサラダ

材料（幼児1人分）

ミニトマト ……… 3個
フレンチドレッシング（市販）
……… 小さじ1

作り方

ミニトマトは4等分に切る。ボウルに入れ、フレンチドレッシングを加えてあえる。

栄養分がとけたスープも余さず飲ませて

鶏肉と野菜のスープ煮

材料（幼児1人分）

鶏皮なし胸肉 ……… 30g
キャベツ、玉ねぎ、にんじん、じゃがいも（それぞれ角切りにしたもの）
……… 各大さじ1.5
冷凍グリーンピース … 小さじ1.5
固形スープ ……… 1/4個
塩、こしょう ……… 各少々

作り方

1. なべに鶏肉、キャベツ、玉ねぎ、にんじん、じゃがいもを入れ、かぶるくらいの水と固形スープを加え、煮立ったら弱火にしてやわらかくなるまで煮込む。
2. ①にグリーンピースを加え、塩、こしょうで味つけをする。

ビタミンCがいっぱいのカリフラワーで

カリフラワーのとろーりチーズ

材料（幼児1人分）

- カリフラワー …… 3房
- にんじん …… 少々
- ピザ用チーズ …… 大さじ2

作り方

❶カリフラワーは一口大に切り、にんじんは薄切りにし、水少々を振ってラップをし、電子レンジで2分30秒ほど加熱する。

❷①がやわらかくなったら水けをきり、チーズをのせ、オーブントースターで2分ほど焼く。

揚げるだけでアクもかたさも一気に解消

根菜の素揚げ

材料（幼児1人分）

- ごぼう …… 2㎝
- れんこん …… 2㎝
- にんじん …… 2㎝
- 揚げ油 …… 適量
- 塩 …… 少々

作り方

❶ごぼう、れんこん、にんじんは縦4つに切る。ごぼう、れんこんは5分ほど水にさらす。

❷揚げ油を160度に熱して①を入れ、浮き上がってくるまで、ときどき転がしながら揚げる。

❸油をよくきって塩を振る。

モシャモシャの生キャベツはゆでてサラダに

キャベツのツナマヨあえ

材料(大人2人+幼児1人分)

キャベツ …………………… 150g
ツナ缶 …………………… 1/2缶(40g)
マヨネーズ …………………… 大さじ1

作り方

1. キャベツはくったりするまでやわらかくゆで、短いせん切りにする。
2. ツナの缶汁をきってマヨネーズをまぜ合わせ、水けをきった①を加えてツナをほぐすようにあえる。

ゆで卵とマヨネーズで子どもの好きな味に

きゅうりと大豆のサラダ

材料(幼児1人分)

きゅうり …………………… 1/4本
大豆水煮 …………………… 20g
ホールコーン …………………… 10g
ゆで卵 …………………… 1/2個
マヨネーズ …………………… 小さじ1

作り方

1. きゅうりは小さめの角切りにする。ゆで卵は殻をむいてあらく刻む。
2. ボウルに①、大豆水煮、コーンを入れ、マヨネーズを加えてあえる。

かぶの葉も使って栄養価アップ

かぶとかぶの葉のみそ汁

材料(幼児1人分)

かぶ …………………… 小1/2個
かぶの葉 …………………… 10g
だし …………………… 1/2カップ
みそ …………………… 小さじ1/2

memo かぶの葉はかたいので、下ゆでしてこまかく刻んで加えます。

作り方

1. かぶはいちょう切りにする。葉はゆでてざるに上げ、あら熱がとれたら水けをしぼってこまかく刻む。
2. なべにだし、かぶを入れて火にかける。2〜3分ほど煮てかぶがやわらかくなったらかぶの葉を加え、みそをとき入れる。再び煮立つ直前に火を止める。

かむ力を養うミネラル満点メニュー

わかめと油揚げの煮びたし

材料（幼児2食分）

カットわかめ……………………1g
油揚げ……………………………1/2枚
だし………………………………1/3カップ
しょうゆ、みりん……………各小さじ2/3

作り方

❶油揚げは熱湯をかけて油抜きし、4つの三角形に切る。

❷なべにだし、しょうゆ、みりんを煮立て、油揚げを入れて火を弱め、味がなじむまで煮、わかめを加えてひと煮する。

＊油揚げは大きいとかみ切りにくいが、そのためにかむ訓練になる。ただ、そしゃく力がまだ弱い2才前には、小さく切るとよい。

かわいいさいころ形に愛情を込めて

早煮昆布の三色煮

材料（大人2人＋幼児1人分）

昆布（早煮タイプ）…………20g
にんじん…………………………200g
じゃがいも………………………200g
だし………………………………1カップ
しょうゆ…………………………大さじ1
みりん……………………………小さじ2
塩…………………………………少々

作り方

❶昆布は乾いたままはさみで1㎝角に切り、さっと洗って水けをきる。

❷にんじんとじゃがいもはそれぞれ1㎝角のさいころ形に切り、じゃがいもは水にさらしてから水けをきる。

❸なべに①と②を入れてだしを加え、火にかける。煮立ったらしょうゆとみりんを加えて火を弱めて煮、昆布がやわらかくなったら味をみて塩で味をととのえる。

シャキシャキとした歯ごたえが新鮮

せん切りポテトの鮭フレークいため

材料(幼児1人分)

じゃがいも ………………………… 1/2個
鮭のフレーク(水煮缶)…… 15g
バター ………………………………… 小さじ1
塩、こしょう ………………………… 各少々

作り方

1. じゃがいもは皮をむいて3㎜角くらいの棒状に切り、水にさらしてアクを抜き、水けをよくきる。鮭は缶汁をきる。
2. フライパンにバターをとかし、じゃがいもを入れて透き通るまでいため、鮭を加えてさっといため合わせ、塩とこしょうで調味する。

のどごし“とろ~り”でいつの間にか完食!

中華スープ

材料(幼児1人分)

はるさめ(もどして刻んで)、えのきだけ(ほぐして)…… 各大さじ1
A
- とき卵　1/2個分
- ごまペースト　小さじ1/2
- 万能ねぎの小口切り、桜えび　各小さじ1
- 水どきかたくり粉　大さじ1/2

だし ………………………………… 1カップ

作り方

1. だしを煮立てて、はるさめとえのきだけを煮る。
2. Aの材料をまぜ、①に流し入れてひと煮する。

自家製なめたけ風の煮物はごはんにかけても

とうふのなめたけのせ

材料(大人2人+幼児1人分)

自家製なめたけ* ……………… 60~70g
とうふ …………………………………… 1丁

作り方

とうふを食べやすく切って器に盛り、自家製なめたけをのせる。

***自家製なめたけの作り方**

(作りやすい分量)

えのきだけ1パックをみじん切りにし、しょうゆ、みりん各小さじ4、水大さじ4、塩少々を加えて火にかける。煮立ったら弱火にして5~6分煮、とろみがついてえのきに味がなじんだら火を止める。保存容器に入れて冷蔵庫で5~6日保存可能。

ふるふるの舌ざわりにりんごの香りがスイート

りんごわらびもち

材料（大人1人+幼児1人分）

わらび粉、砂糖 ……………………………… 各大さじ２
りんごジュース ……………………………… 1/2 カップ

作り方

❶耐熱ボウルにわらび粉と砂糖を入れて泡立て器でよくまぜ、ジュースを加えてさらによくまぜる。
❷粉っぽさがなくなったら電子レンジで 50 秒ほど加熱し、いったんとり出して泡立て器で下から返すようにしっかりまぜる。
❸さらに１分加熱して全体をよくまぜ、もう１分加熱してしっかりまぜる。
❹透明感が出てきたらスプーンでひと口大にすくって氷水に落として冷やす。水けをきって器に盛る。

memo りんごジュースをほかのフルーツジュースや牛乳にかえると、違った味わいが楽しめます。砂糖を黒糖にかえても。

自然な甘さのクリームはパンにぬっても

かぼちゃモンブラン

材料（作りやすい分量・3〜4人分）

かぼちゃ ……………………………… 100g
砂糖 ……………………………… 大さじ２〜３
牛乳 ……………………………… 大さじ 1.5〜２
塩 ……………………………… ひとつまみ
ビスケット、かぼちゃの種（あれば）
……………………………… 各適量

作り方

❶かぼちゃは洗って種をとり、電子レンジで３分ほど加熱してスプーンで皮をとり除く。
❷フードプロセッサーに①、砂糖、牛乳、塩を入れてなめらかになるまでかくはんし、しぼり袋に入れる（なければスプーンなどで盛りつけるか、ポリ袋に入れてかどを切る）。
❸ビスケットの上にしぼり出し、かぼちゃの種を飾る。

ママも大満足の本格のおいしさを手軽に

ヨーグルトチーズケーキ

材料（作りやすい分量・5～6人分）

クリームチーズ、プレーンヨーグルト ……… 各100g
生クリーム ……… 1/4カップ
粉ゼラチン ……… 1袋
砂糖 ……… 50g
クッキー ……… 50g

作り方

❶クッキーはフードプロセッサーにかけてこまかくくだく。半量を型に敷き詰める。
❷水1/4カップにゼラチンを振り入れ、ふやかしておく。
❸クリームチーズは室温にもどしてフードプロセッサーか泡立て器でなめらかにねり、砂糖、ヨーグルトを加えてよくまぜる。
❹②を電子レンジで20～30秒加熱してとかし、生クリームを少しずつ加えてまぜ、③に加えてまぜる。
❺④を①に流し入れ、冷蔵庫で冷やし固める。残りのクッキーを上から振る。

1枚ずつラップで包んで冷凍もOK

にんじんパンケーキ

材料（作りやすい分量・約20枚分）

にんじん ……… 50g
じゃがいも ……… 50g
ホットケーキミックス ……… 100g
牛乳 ……… 1/2カップ
バター、クリームチーズ ……… 各適量

作り方

❶にんじんとじゃがいもはすりおろし、牛乳、ホットケーキミックスを加えてまぜる。
❷フライパンにバターをとかして①を直径5cmほどに丸く流し入れ、両面を焼く。
❸残りも同様に焼き、そのうち4～5枚を器に盛ってクリームチーズを添える。

ミニアドバイス 2

毎日の献立をラクに考えるコツ

子どもにバランスのよい食事をさせたいと思っても、毎日の献立を考えるのは大変です。そこで献立をラクに考える方法をアドバイスします。

朝ごはんの献立は毎日同じに！

1日3食とおやつの献立を一から考えるのは大変です。そこでおすすめしたいのが、朝ごはんの献立を決めてしまうこと。たとえば、パンと卵に野菜おかずを1品添え、ヨーグルトを食べると決めてしまいます。朝にパンと卵と野菜1種、乳製品1種を食べるので、昼ごはんと、夕ごはんでは、それ以外の食材を使って献立を組み立てるようにするとよいのです。

1食分の献立が決まっているだけでも、考えるのはずいぶんラク。また朝はいつも同じメニューなので、手早く用意することができるのもメリットです。夕ごはんが毎日同じになるとあきてしまうのですが、朝は毎日同じでも飽きずに食べられます。季節の野菜を添えたり、卵焼き、スクランブルエッグなど卵料理に変化をつけてもよいでしょう。

夕ごはんの主菜は、肉と魚を日替わりで！

もうひとつのポイントは、夕ごはんの主菜は、肉おかずと魚おかずを交互にすること。こうすると、肉も魚もバランスよく食べられますし、「今日は肉だから」と食材を限定して主菜を考えられます。これをルールにしておくと、夕ごはんが肉だから昼ごはんはツナやちりめんじゃこなどの魚介類を使おう……というふうに献立がまとまりやすくなります。はじめのうちは、ノートに主菜だけでも書いておくと考えやすいですよ。

主食はごはんでもパンでもお好みで。汁の具や野菜のおかずを旬の野菜にするだけでも変化が出せます。

3章

調理の工夫で食べやすく！

好き嫌い克服レシピ

好き嫌いが多かったり、小食だったりすると、
きちんと栄養がとれているのか気になりますね。
幼児期は好き嫌いがあっても、
調理の工夫で食べられるようになることが多いのです。
いろいろな食体験をさせ、なんでも食べられるようにしていきましょう。

好き嫌い克服のポイント

子どもの好き嫌いが多いと心配ですね。じょうずに食べさせるコツとレシピを紹介します。

嫌いな理由を確かめて調理法や食べさせ方を工夫しましょう

幼児期は自我が芽生え、ことばが発達して意思表示もできるようになるため、「好き嫌い」を言ったり、好きなものしか食べない「ばっかり食べ」が目立ったりしやすい時期。でもほうれんそうは苦手でもチンゲンサイなら食べられたり、魚は鮭と白身魚なら食べられるというように、全部がダメでなければ大丈夫。好き嫌いも成長のひとつの段階と考えて、基本的にはあまり気にせずゆったりと見守りましょう。

とはいえ、あまりにも好き嫌いが多かったり、偏食がひどかったりする場合には、いろいろなものを食べられるようにしていきたいですね。時期によって、「好き嫌い」を言う理由が少し違ってきますので、それによって対処法を変えていきましょう。

1才〜1才半ごろは、規則正しい食事できちんとおなかをすかせて

おなかがすいているかどうかで、食べたり食べなかったりする時期です。3食＋おやつの時間を決めて、規則正しく食事をすること、食事と食事の間におやつや甘い飲み物をあげないようにすることが大切。食事の時間にしっかりとおなかをすかせるようにすると、食べられる場合が多いです。

2才までは気分にもよるので器や盛りつけなどを少し変えて

気分によって食べたり、食べなかったりする時期です。一度「いや」といったものでも、違うお皿に盛っていたり、家族みんなで食卓を囲んだりするなどシチュエーションが変わるだけで、食べたりもします。「嫌いだから」と決めつけず、切り方、盛りつけ方などを変えて食卓に並べましょう。

3才以上になったら嫌いな理由をとり除いてあげて

この年齢になると、嫌いという理由がはっきりしてきます。前に食べたときに「苦かったから」「骨が刺さったから」「かみにくかったから」など、子どもにどんなところが嫌いなのかを聞いて、それを解消するような調理法をしてみましょう。たとえばトマトなら酸味が強く口当たりが悪い種の部分をとり除くと、食べやすくなります。

好き嫌い克服の基本ルール

少しでも食べたらほめる

ひと口でも食べられたら、ほめましょう。カレーやハンバーグなどにこまかく刻んで入れた場合でも、食べられたら、「○○が入っていたんだよ。食べられたね」と教えてほめてあげて。

嫌いなものは少しだけ盛りつける

たくさん盛りつけると、それだけでハードルが上がってしまいます。子どもがひと口で食べられるくらいの量を盛りつけて。

お役立ちテクニック

こまかく刻む

→ほうれんそうや小松菜など青菜類に

やわらかくゆでても繊維がつながっていて食べにくいので、縦横に小さく切ってあげましょう。

皮をむく

→トマト、ズッキーニ、なすなどに

皮のかたい食感が食べにくいと感じることも。皮を除いてあげると、やわらかくかみやすくなります。

卵でとじる

→汁物や煮物などに

仕上げにとき卵を加えてふんわりとじると、見た目も華やかになるうえ口当たりもよく食べやすくなります。

短く切る

→大根、にんじん、ごぼうなどに

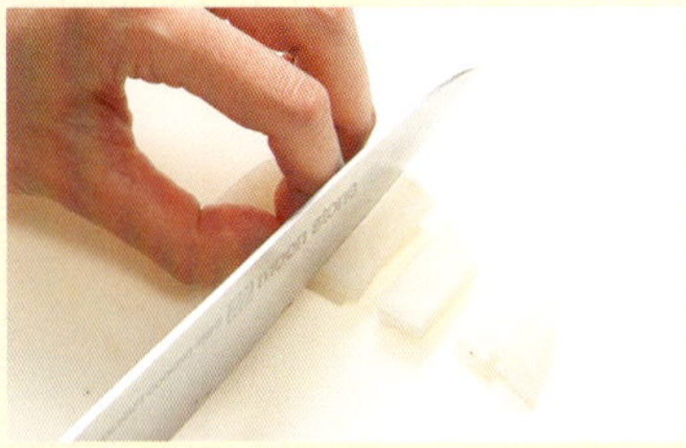

細切りにしても長いと子どもには食べにくいのです。短めの細切りにしてあげましょう。

かたくり粉をまぶす

→肉や魚などに

かたくり粉をまぶしてから煮たり焼いたりすると、パサつかず、つるんと食べやすい食感になります。

型抜きする

→野菜やパン、チーズなど

星や車、ハートなど子どもが好きな形にすると、楽しく食べられます。子どもに型抜きのお手伝いをさせても。

好きな食材と組み合わせる

カレーやハンバーグなど子どもが好きな料理に入れたり、肉で巻く、卵でとじるなど、子どもが好きな食材と組み合わせて。

切り方や調理法を変える

食材は子どもの口に入りやすい大きさに切って。魚の皮や骨など食べにくい部分をとり除くのもおすすめです。野菜は大人が食べるより、やわらかく加熱して。

無理に食べさせない

無理じいしたり、しかったりすると、ますますその食材が嫌いになってしまいます。かわりに同じような栄養価のほかの食材を使って調理しても。

青菜が苦手なとき

緑黄色野菜の独特の香りや青くささが苦手という子は多いもの。
ごまや削り節など風味のある食材やベーコンのように
油脂を含むコクのある食材と組み合わせると、食べやすくなります。

短めに切りましょう

子どもは口が小さく、大人のようにじょうずにかめません。青菜類は２cm長さくらいに短めに切りましょう。

少量 加えましょう

スープや卵焼きなど、子どもが好きな料理に少量加えて、「食べられた！」という自信を持たせましょう。

アク抜きを忘れずに

アクがあると子どもは「苦い」と感じます。ゆでて冷水にとり、水けをしぼってアクを抜いてから使いましょう。

いつものシチューをグレードアップ

ほうれんそう入りシチュー

材料（大人２人+幼児１人分）

豚もも肉	150ｇ
ほうれんそう	1/3束
玉ねぎ	１個
じゃがいも	１個
ホールコーン（缶詰め）	小1/2缶
固形スープ	1/2個
ホワイトシチューの素	小1/2箱
牛乳	1/2カップ
油	適量

作り方

❶豚肉は３cm角くらいに切り、塩、こしょう各少々（分量外）をもみ込む。玉ねぎ、じゃがいもは３cm角に切り、じゃがいもは水にさらす。

❷フライパンを熱して油少々を引き、豚肉をいため、色が変わったらなべに移し、水２カップと固形スープを加えて煮立てる。

❸②のフライパンに油少々を足し玉ねぎをいため、透き通ったら②のなべに加え20分煮る。

❹じゃがいもを加えてさらに煮る。この間にほうれんそうを塩少々（分量外）を加えた熱湯で軽くゆでて水にさらし、水けをしぼってこまかく切っておく。

❺じゃがいもが煮えたらシチューの素を加えて弱火で少し煮る。仕上げにコーン、ほうれんそう、あたためた牛乳を加えて味をととのえる。

こまかく刻んだ青菜をひき肉が包んで食べやすい

スープワンタン

材料（大人2人+幼児1人分）

ほうれんそう……………1/2束
豚ひき肉……………150g
A
かたくり粉　大さじ1
しょうゆ、ごま油　各 小さじ1
塩　小さじ1/4
ワンタンの皮……………20枚程度
B
水　3カップ
鶏がらスープの素　小さじ2
酒　大さじ2

作り方

❶ほうれんそうはやわらかくゆでて水にとって冷まし、縦横にこまかく刻んで水けをしぼる。
❷①、ひき肉、Aをよくまぜ合わせ、ワンタンの皮で等分に包む。
❸なべにBを煮立て、②を1つずつ入れて煮る。
❹ワンタンが浮き上がって1～2分煮たら、煮汁ごと器に盛る。

ピーナッツと油揚げのコクで青菜っぽさが気にならない

小松菜と油揚げのピーナッツバターあえ

材料（大人2人+幼児1人分）

小松菜……………150g
油揚げ……………1枚
A
ピーナッツバター　大さじ1.5
砂糖　小さじ2
だし　大さじ2
しょうゆ　少々

作り方

❶小松菜はやわらかくゆでて水にとって冷まし、1cm角に切り、水けをしぼる。
❷油揚げは熱湯でゆで、あら熱がとれたら水けをしぼってあらみじん切りにする。
❸ボウルにAをよくまぜ合わせ、①、②を加えてあえる。
＊ピーナッツバターは3才ごろから様子を見て与える。

青菜が苦手な子にもおすすめ

青菜のナムルの卵巻き

材料（幼児1人分）

卵……………1/2個分
小松菜……………2株
塩……………適量
油……………少々
しょうゆ……………小さじ1/4
ごま油、こしょう……各少々

作り方

❶卵はといて塩少々をまぜる。
❷フライパンを熱して油を底一面になじませ、余分な油をふきとる。①を流して全体に広げ、弱火で焼く。縁が固まって表面が乾いてきたら裏返してさっと焼き、まないたに広げて冷ます。
❸小松菜は熱湯でゆでて水にとってしぼり、2cm長さに切る。しょうゆ、ごま油、塩少々、こしょうであえてナムルを作る。
❹広げた薄焼き卵の手前に③のナムルを横1列に並べ、薄焼き卵を手前からくるくると巻き、巻き終わりを下にしてしばらくおいてなじませる。
❺2cm幅に切って器に盛る。

根菜が苦手なとき

**繊維があって筋っぽかったり、アクが強いと子どもには
おいしく感じられません。やわらかく加熱したり、
繊維を断ち切るような切り方にしたりすると、食べやすくなります。**

アク抜きをしましょう

ごぼうやれんこんは切ったら少量の酢を加えた水に５～10分程度さらしてアクを抜いてから使うと食べやすくなります。

2段階加熱をしましょう

いためたり、煮たりする前に下ゆでしておくとやわらかくなり食べやすくなります。また、アクもしっかり抜けるので「苦み」も感じにくくなります。

切り方を工夫しましょう

根菜類は、繊維を断ち切るように切ると、やわらかい食感になります。たとえばごぼうなら斜め薄切りにしてからせん切りにしたり、ささがきにするのもおすすめです。

横に薄切りしてから小さく切っていため煮に

大根とにんじんのいためなます

材料（大人２人+幼児１人分）

大根……120g
にんじん……40g
ツナ缶……1/2缶（40g）
油……大さじ1/2
砂糖……小さじ1/2
しょうゆ……小さじ１強
酢……小さじ1/2強

作り方

❶大根とにんじんはそれぞれ繊維を断ち切るように薄切りにしてから短冊切りにし、やわらかくゆでて水けをきる。
❷フライパンに油を熱して①をいため、ツナを加えてほぐしながらいためる。
❸砂糖、しょうゆ、酢の順に加えていため合わせ、水大さじ１～２を振って煮汁がほとんどなくなるまでいため煮にする。

相性のよいごまとみそで土くささがうまみに変身

ごぼうのごまみそ煮

材料（大人2人+幼児1人分）

ごぼう …… 100g
だし …… 1/2カップ
砂糖、みそ、すり白ごま …… 各大さじ1/2

作り方

❶ごぼうはよく洗ってめん棒などでまんべんなくたたき、割れてきたら3cm長さに切って縦に四〜六つ割りにする（細く割れればそのままでよい）。酢少々（分量外）を加えた水に3〜4分つけてアクを抜く。
❷湯を沸かして酢少々（分量外）を加え、①の水けをきって入れ、やわらかくなるまでゆでる。ざるに上げて水けをきる。
❸小なべにだし、砂糖、みそを入れて火にかけ、②も加えてゆっくり煮る。煮汁が少なくなってきたらごまを加え、からめるようにして火からおろし、器に盛る。

シャキシャキ感と甘みがカレー味に合う！

れんこんのカレーエッグサラダ

材料（大人2人+幼児1人分）

れんこん …… 100g
卵 …… 1個
マヨネーズ …… 大さじ1/2
カレー粉 …… 少々
レタス …… 2〜3枚
プチトマト …… 3個

作り方

❶れんこんは皮をむいて薄いいちょう切りにし、酢少々（分量外）を加えた水に2〜3分さらしてアク抜きする。
❷なべに湯を沸かして酢少々（分量外）を加え、①の水けをきって入れ、やわらかくなるまでゆでて水けをきる。
❸卵はかたゆでにして殻をむき、ボウルに入れて白身があらみじん切りになるようにフォークなどでつぶす。
❹ ③のボウルに②、マヨネーズ、カレー粉を加えてよくまぜる。
❺器にレタスを敷き、④をそれぞれに盛りつけ、半分に切ったプチトマトを添える。

いろいろな味をミックスして

五目ごはん

材料（大人2人+幼児1人分）

米 …… 1カップ
鶏肉 …… 50g
干ししいたけ …… 1枚
油揚げ …… 1/4枚
にんじん …… 1/4本
ごぼう（細） …… 1/4本
だし …… 150mℓ
しょうゆ、酒 …… 各大さじ1
ゆでた絹さやなどの青み …… 適量

作り方

❶米はといでざるに上げておく。
❷干ししいたけはもどし、油揚げは熱湯を回しかけて油抜きし、にんじんとともにせん切りにする。ごぼうはささがきに、鶏肉は一口大に切る。
❸②をだし、しょうゆ、酒で煮含め、汁けをきって①に加える。
❹米と同量弱の水を加えて炊き上げ、青みとして絹さやを細切りにして散らす。

トマト・ピーマン・なす が苦手なとき

食感、味、香りなど、調理の工夫で苦手な原因をとり除くのが苦手克服のポイント。たとえばトマトは生はいやでも、加熱すればOKということも。いろいろな調理法を試してみましょう。

皮や種をとりましょう

かたい皮にやわらかい実など、なすやトマトは食感の違いが苦手ポイントになることも。かたい皮を除いて調理してみましょう。トマトは口当たりの悪い種もとり除いて。

やわらかく加熱しましょう

くたくたになるまで加熱すると、独特の香りや食感が気にならずに食べやすくなります。苦みやえぐみを感じにくいよう、肉やベーコンなど、うまみのある食材と組み合わせるのがポイントです。

油脂を使って調理しましょう

なすやオクラといった実野菜はうまみを感じにくいのも、苦手になる原因のひとつです。油でいためたり、揚げたりするとコクがでて食べやすくなります。

濃厚なコクのソースとからめて甘みが際立つ

揚げなすのミートソースあえ

材料（大人2人+幼児1人分）

なす……2本
ミートソース(市販品)…大さじ2
揚げ油……適量
粉チーズ……少々

作り方

1. なすは皮をむき、1cm角に切ってさっと水にさらし、ざるに上げて水けをきる。
2. 揚げ油を高温（約180度）に熱し、①のなすの水けをふいて入れる。油の中で転がすようにしながら2～3分揚げ、すくい上げてしっかり油をきる。
3. ミートソースをあたため、②をあえる。
4. 器に盛って粉チーズを振る。

＊大人は好みでタバスコを振ってもよい。たっぷりのミートソースであえ、パスタにからめても。

皮がスルッととれてやわらか。冷たくしても

トマトのだしびたし

材料（大人2人+幼児1人分）

- プチトマト …… 1パック
- だし …… 1カップ
- しょうゆ、塩 …… 各少々
- 削り節 …… 適量

作り方

❶プチトマトはへたをとって4等分に切る。
❷なべにだし、しょうゆ、塩、①を入れて火にかける。トマトが煮えたらいったん火を止めて皮をとり除く。
❸弱火で好みのかたさまで煮含め、器に盛って削り節を振る。
＊ふつうサイズのトマトでも同様に作れます。

くたくたに煮て甘みを引き出し、なじみやすい味つけに

ピーマンのカレーしょうゆ煮

材料（大人2人+幼児1人分）

- ピーマン …… 2個
- 魚肉ソーセージ …… 1/2本
- だし …… 1/4カップ
- 油、しょうゆ、カレー粉 … 各少々

作り方

❶ピーマンはへたと種をとって縦に4等分にし、端から太めのせん切りにする。
❷湯を沸かして①を入れ、くったりするくらいまでゆで、水けをきる。
❸魚肉ソーセージはピーマンと同じくらいの大きさの細切りにする。
❹フライパンに油を熱して②と③を入れていため、だし、しょうゆ、カレー粉を加えて汁けがなくなるまで煮る。

栄養がとけ出たスープを味わおう

ボルシチ

材料（幼児1人分）

- 牛角切り肉 …… 2個
- にんじん、玉ねぎ、キャベツ、かぶ、トマト、グリーンピース … 各適量
- トマトケチャップ …… 大さじ1
- 生クリーム …… 小さじ1
- 塩 …… 少々

作り方

❶牛肉、にんじん、玉ねぎ、キャベツ、かぶ、トマトは一口大に切る。
❷牛肉にたっぷりの水を加えて火にかけ、煮立ったら①の野菜とグリーンピースを加えて煮、ケチャップと塩、生クリームを加える。

魚が苦手なとき

加熱しすぎてパサパサしたり、小骨があったり、
生ぐさかったりと魚が苦手になるポイントはいくつかあります。
新鮮な魚を選び、子どもにも食べやすく調理しましょう。

小骨や皮はとり除きましょう

小骨があると食べにくいだけでなく、口の中で刺さったりすると魚嫌いの原因になります。また皮の部分は生ぐさみが強いので、小骨、皮はとり除いて調理しましょう。

新鮮な魚を選びましょう

できるだけ新鮮な魚を選び、下処理をていねいにすると生ぐさみを感じにくくなります。ごく少量のねぎやしょうがを加えてくさみを消したり、子どもの好きな甘辛味にしても。

パサつかないように調理しましょう

衣をつけて揚げたり、煮汁にとろみをつけたりするとパサつきにくく食べやすくなります。揚げるときは、子どもが食べやすいサイズに切るとよいでしょう。

小骨をとってひと口サイズに食べやすく

あじの立田揚げ

材料（大人２人+幼児１人分）

あじ（三枚におろしたもの）……… 200g
A［しょうゆ、みりん、しょうが汁 各適量
かぼちゃ、さつまいも …… 各100g
かたくり粉、揚げ油 ………… 各適量

作り方

1. あじは小骨をしっかりとり除いて、ひと口大のそぎ切りにし、A をまぶしておく。
2. かぼちゃとさつまいもはよく洗って皮ごと薄いいちょう切りにし、さつまいもは水にさらして水けをふく。
3. 揚げ油を約180度に熱して②を入れ、火が通ったらとり出す。
4. ①の汁けをふいてかたくり粉をまぶし、③の油でカラリと揚げる。油をよくきって③とともに器に盛る。

青のり入りの衣でふんわり、パサつきナシ!

たらの磯辺揚げ

材料(大人2人+幼児1人分)

- たら……2切れ
- 塩……少々
- 小麦粉……大さじ2
- 青のり……小さじ1
- 揚げ油……適量

作り方

1. たらは一口大に切って塩を振り、しばらくおいて水けが出てきたらキッチンペーパーでふきとる。
2. ボウルに小麦粉と水大さじ2を入れてまぜ、青のりも加えてまぜて衣を作る。
3. 揚げ油を約180度に熱し、①を②にくぐらせて入れる。上下を途中で返して3分ほど揚げる。
4. 油をよくきって器に盛る。

下ごしらえずみの素材缶なら煮込みも簡単

さば缶のトマト煮

材料(大人2人+幼児1人分)

- さばの水煮缶……1缶
- 玉ねぎ……1/4個
- トマト缶……1/2カップ
- 油……少々
- しょうゆ……少々

作り方

1. さば缶は汁けを軽くきる。玉ねぎはみじん切りにし、トマト缶はトマトをつぶしておく。
2. なべに油を熱して玉ねぎをいためる。透き通ってきたらさばを加えていため合わせる。
3. 全体がなじんだらトマトを加えて煮る。汁けが少なく焦げつきそうなときは、水少々を加える。
4. しょうゆを加えてまぜ、火を止める。

パパのおかずにもどうぞ

鮭の黄身焼き

材料(幼児1人分)

- 生鮭……1/2切れ
- 卵黄……1個分
- 粉チーズ……小さじ1
- パセリのみじん切り…少々

作り方

1. 鮭は皮をとり、2つに薄くそぎ切りにする。卵黄と粉チーズをまぜて鮭の表面にぬり、オーブントースターでこんがり焼く。
2. 器に盛り、パセリを散らす。

肉が苦手なとき

かたくてかみ切りにくい、筋っぽい、パサついているというのが肉が苦手になる主な理由です。やわらかく、子どもがかみ切りやすいような調理法を心がけましょう。

食べやすい切り方にしましょう

肉の筋は子どもにはかみ切りにくいので、包丁の背でたたいたり、繊維を断ち切るように細切りに。加熱してもやわらかく、食べやすくなります。

かたくり粉をまぶしましょう

肉にかたくり粉をまぶしてから加熱すると、つるんとやわらかい口当たりになり、食べやすさアップ。肉のパサつきも抑えられます。

子どもの好きな味つけにしましょう

ケチャップ味や甘辛味など子どもが食べやすい味つけにすることで、スムーズに食べられるようになります。

苦手な野菜も刻んで加えて

やわらか煮込みハンバーグ

材料（大人2人+幼児1人分）

合いびき肉	240g
パン粉	大さじ5
牛乳	大さじ2.5
玉ねぎ	1/2個
塩	少々
油	大さじ1/2

A
- トマトケチャップ、ソース　各大さじ1と2/3
- 塩　少々

作り方

1. パン粉は牛乳を振りかけておく。玉ねぎはみじん切りにし、電子レンジで1分ほど加熱してしんなりさせ、あら熱をとる。
2. ボウルにひき肉と①、塩を加えてよくねりまぜ、約1/5量を幼児用に取り分けて小判形にととのえる。残りは等分にして同じ形にととのえる。
3. フライパンに油を熱して②を並べ入れ、中火で両面を焼く。
4. 水1と1/4カップ、Aを加えてふたをし、トロリとするまで煮る。

甘酢がトロリとからんで口当たりバツグン

ささ身の甘酢いため

材料（大人2人+幼児1人分）

鶏ささ身 ……………… 3本

A
- トマトケチャップ、しょうゆ、酢 各小さじ1.5
- 砂糖 大さじ1
- 水 大さじ3
- かたくり粉 小さじ1

油 …………………… 小さじ1

作り方

1. ささ身は筋をとり、縦半分に切ってから小さめのひと口大にそぎ切りする。
2. A はよくまぜ合わせておく。
3. フライパンに油を熱して①をいためる。色が変わってきたら②を加え、調味料をからめながらよくいためる。とろみがついたら火を止め、器に盛る。

めんにからんでいっしょに食べられる

細切り肉の焼きそば

材料（大人2人+幼児1人分）

中華蒸しめん ………… 3玉
豚薄切り肉 …………… 120g
キャベツ ……………… 2枚
もやし ………………… 60g
にんじん ……………… 薄い輪切り 5～6枚分
かたくり粉 …………… 小さじ1.5
油 ……………………… 大さじ1
ソース ………………… 大さじ3

作り方

1. 中華めんはざるに入れ、熱湯を回しかけてほぐし、5cm長さのざく切りにする。
2. 肉は繊維を断ち切るように細切りにし、かたくり粉をまぶす。
3. キャベツは2cm長さのせん切り、もやしはひげ根をとって2cm長さに切る。にんじんはさっとゆでて細切りにする。
4. 油を熱して②をいためる。肉の色が変わったら③を加えていため、しんなりさせる。
5. ①、ソースを加え、塩少々（分量外）で味をととのえる。

＊大人は紅しょうがや青のりを。

玉ねぎの甘さと牛肉のうまみがおいしい

ビーフストロガノフ

材料（幼児1人分）

牛薄切り肉 ………… 40g
小麦粉 ……………… 大さじ1
玉ねぎ ……………… 小1/4個
マッシュルーム …… 適量
バター ……………… 少々
トマトジュース …… 1/2カップ
ドミグラスソース … 大さじ1
塩 …………………… 少々
生クリーム ………… 大さじ2
米 …………………… 1カップ

A
- カレー粉、塩 各小さじ1/2
- 水 240mℓ

パセリのみじん切り … 少々

作り方

1. 牛肉は細切りにし、小麦粉をからめておく。
2. 玉ねぎとマッシュルームはそれぞれ薄切りにしてバターでしんなりするまでいため、①を加えてさらにいためる。トマトジュースとドミグラスソースを加えてしばらく煮、味をみて塩を加え、生クリームを加える。
3. 米に A を加えて炊いたライス100gに②をかけ、パセリをのせる。

牛乳・乳製品が苦手なとき

カルシウムをしっかりとるためにも、欠かせない乳製品。
牛乳が苦手でもヨーグルトが食べられるならだいじょうぶ。
どちらも苦手な場合は、食べやすくなるように調理の工夫を。

くさみを感じにくくしましょう

乳製品特有のくさみが苦手な場合は、ほかの食材と組み合わせてくさみを感じにくくするのも一つの方法です。たとえば牛乳ならバナナやいちごなどと合わせてジュースにしても。

食べられる乳製品を使いましょう

牛乳、ヨーグルト、チーズなどいずれかが食べられるなら、それを中心に。ただしチーズは種類によっては塩分が多くなるので気をつけましょう。

料理に使ってみましょう

グラタンやスープなら、乳製品が苦手でも食べられることがあります。かぼちゃやコーンなど子どもの好きな具を入れるとさらに食べやすくなります。

粉末スキムミルクでカルシウム強化

ツナとプチトマトのグラタン

材料（大人2人+幼児1人分）
- ツナ缶 …………… 2.5缶（200g）
- プチトマト …… 1パック
- スキムミルク … 大さじ4
- バター …………… 大さじ1
- 小麦粉 …………… 大さじ1.5
- 塩、こしょう … 各少々
- 粉チーズ ………… 少々

作り方
1. プチトマトは1個を4等分に切る。
2. ぬるま湯1カップにスキムミルクを少しずつ加え、なめらかにまぜる。
3. フライパンにバターを入れて弱火でとかし、小麦粉をいためる。白っぽくフツフツとしてきたら②を少しずつ加え、たえずまぜてトロリとするまで煮詰める。塩、こしょうで味をととのえる。
4. 耐熱皿に①と缶汁を軽くきったツナを入れ、③をかけて粉チーズを振り、オーブントースターで焼き色がつくまで焼く。

高タンパク質、高ビタミンの賢脳メニュー

カテージチーズサラダ

材料（幼児1人分）

カテージチーズ …… 大さじ1
さつまいも、にんじん … 各2cm
さやいんげん …… 1～2本

作り方

1. さつまいも、にんじんは1cmの角切りに、さやいんげんは1cm長さにそれぞれ切る。
2. ①をやわらかくゆで、水けをきってカテージチーズであえる。

みそとの相性は◎。スープがマイルドに

かぼちゃのミルクみそスープ

材料（大人2人+幼児1人分）

かぼちゃ …… 200g
とうふ …… 1/3丁
だし、牛乳 …… 各1と3/4カップ
みそ …… 大さじ2.5

作り方

1. かぼちゃは皮をむいていちょう切りに、とうふはさいの目切りにする。
2. なべにだしをあたため、かぼちゃを加えて煮、やわらかくなったらとうふを加える。
3. 牛乳をあたため、②に加える。沸騰直前に、みそをとき入れる。

ココアをひとつまみ加えてもOK

バナナミルクジュース

材料（幼児1人分）

バナナ …… 30g（1/4～1/3本）
牛乳 …… 1/2カップ
砂糖 …… 少々

作り方

1. バナナは1cmほどの輪切りにする。
2. フードプロセッサーかミキサーに①と牛乳を入れ、なめらかになるまでかくはんする。味をみて砂糖を加えてまぜる。

小食・ばっかり食べ

好きなものしか食べなかったり、食べる量が極端に少ない場合は、
食べること自体を楽しむ工夫をしてみましょう。
また料理は、少量でもバランスよく栄養がとれるものを。

見た目でも楽しめる工夫をしましょう

野菜を型で抜いたり、カラフルな食材を使うなど、見た目を楽しくすると食べる意欲が増します。おかずを少量ずつ彩りよく盛りつけたり、お気に入りの食器を用意するのも効果的です。

バランスのよい一皿料理をしましょう

少量しか食べられない場合は、具だくさんのうどんやまぜごはんなど1品で、栄養がバランスよくとれる料理もおすすめです。

食事の時間を楽しくしましょう

家族そろって楽しく食事をすることも大切です。家族がおいしそうに食べる様子を見ることで、子どもも食べることが楽しみになります。

ワンプレートにかわいく盛りつければ視線もくぎづけ

わが家のお子さまランチ

材料（幼児1人分）

- ごはん ……………… 60g
- バター、トマトケチャップ ……………… 各少々
- とき卵 ……………… 1/2個分
- 油 ……………… 少々
- ウインナー ……… 1本
- ブロッコリー …… 小房２個分
- にんじん ………… 薄切り２枚分
- プチトマト ……… 1個
- りんご ……………… 1/16個

作り方

1. あたたかいごはんにバターとケチャップをまぜる。
2. 熱して油をなじませたフライパンにとき卵を薄く広げ、両面を焼く。①をのせてラップを使って包み、器に盛る。
3. ブロッコリーとにんじんはゆで、にんじんは好みの型で抜く。
4. ウインナーは半分に切って切り込みを入れ、黒ごまとスライスチーズ（分量外）で顔を作る。
5. プチトマトとりんごは飾り切りにして添える。

＊飾り切りにはお弁当グッズが便利。

一皿で栄養バランスがとれるまぜごはん

鮭ちらし

材料（大人２人+幼児１人分）

- ごはん……300g
- A
  - 塩　小さじ1/2
  - 砂糖　大さじ１
  - 酢　大さじ1.5
- 生鮭……50g
- 塩、酒……各少々
- 卵……１個
- 絹さや……５～６枚

作り方

1. Aをまぜ合わせて砂糖と塩をとかし、あたたかいごはんに加えてさっくりまぜ、そのまま冷ましてすしめしにする。
2. 鮭に塩と酒を振ってラップをかけ、電子レンジで１分ほど加熱し、骨と皮をとり除いてほぐす。
3. 卵は割りほぐして塩少々（分量外）を加える。フライパンに入れて火にかけながらまぜ、いり卵にする。
4. 絹さやは筋をとってゆで、斜め細切りにする。
5. ①に②、③、④を加えてまぜる。

幼稚園のおべんとうにもおすすめ

かぼちゃ&卵&ジャムサンド

材料（幼児1人分）

- 食パン（サンドイッチ用）……２枚
- かたゆで卵……1/2個
- かぼちゃ……20ｇ
- バター……大さじ1/2
- マヨネーズ……大さじ1/2
- 好みのジャム……大さじ1/2

作り方

1. パンは耳を落とす。バターを室温にもどしてやわらかくねり、パンの片面に塗る。
2. ゆで卵はあらくみじん切りにする。
3. かぼちゃは１㎝角に切ってラップに包み、電子レンジ強で30秒加熱して、冷めたらゆで卵とともにマヨネーズであえる。
4. パン１枚で③をはさみ、食べやすく切る。残りのパンはラップにのせてジャムを手前半分くらいまで塗り、ラップでのり巻きのように手前から巻き、しばらくおいてなじませて、端から輪切りにする。

貝殻の中に具材が入ってひと口でパクリ！

マカロニナポリタン

材料（大人１人+幼児１人分）

- シェル形マカロニ……100g
- にんじん……1㎝
- ピーマン……1/2個
- 玉ねぎ……1/4個
- ツナ缶……１缶
- 油……小さじ１
- A
  - トマトケチャップ、オイスターソース　各大さじ１
  - 塩　少々

作り方

1. マカロニは袋の表示どおりゆでる。
2. にんじん、ピーマン、玉ねぎはそれぞれ細切りにする。ツナは缶汁を軽くきっておく。
3. フライパンに油を熱して野菜をいため、しんなりしたらツナを加えてさらにいためる。
4. Aを加えていため合わせ、全体がなじんだら①の湯をきって加え、からめるようにいためる。
5. 具材をマカロニの中に詰めるようにして盛りつける。

保育園で聞きました！

楽しく、無理なく好き嫌いを減らすコツ

子どもの好き嫌いは、親にとっては悩みのたね。そこで保育園ではどのように食べようという気持ちを引き出しているのかを教えていただきました。

作った人もいっしょに食卓を囲みましょう

ランチタイムには、保育士さん、調理スタッフのみなさんも子どもたちといっしょに食卓を囲みます。「甘くておいしいよ」と味を伝えることで食べてみようかなという気持ちが生まれたり、「○○ちゃん、ほうれんそうが食べられたんだね」と声をかけると、ほかの子がほめられているのを見て自分もという子もいます。また調理を担当した栄養士さんが、どんなふうに作ったのかを話すことで、食べるものへの関心が高まります。

とはいえ苦手なものは、いきなりひと口大では食べられません。最初はごく小さくして、ひとさじだけでもと口に運びます。ポイントは口に入れられたときに大人もいっしょに喜ぶこと。子どもも食べられたという自信がつき、次はもう少し食べてみようという前向きな気持ちになれるようです。

苦手だと思っている食べ物でも、ひと口食べて「意外とおいしかった！」ということもあるので、味や切り方などの調理法を変えて出してみるといいですね。

家庭ではおうちの人といっしょに食卓を囲み、どんな味なのか、どんなふうに料理をしたのかなどを話してあげるとよいですね。また「どれくらい食べられるかな？」と自分で量を決めさせると、食べられたりします。

食べ物の形がわかる料理のほうが達成感が得られます

嫌いな食材も形がわかったほうが、子どもは食べられたという達成感が得られます。たとえば、さやから出してサラダに入れた枝豆よりも、ゆでてそのまま出したほうが楽しく食べられることも。また絵本に出てきたからという理由で食べられるようになったり、葉ものが苦手な子に「食べるとどんな音がするか聞かせて」と誘うと、食べてくれたりします。園ではきゅうりやトマトを大きいまま出し、かじって食べることも子どもには人気があるんですよ。

野菜を育てたり、いっしょに作ったり、お買い物に行ったりするのもよい方法です。苦手な野菜を身近に感じ、親しみを持つことで食べてみようと思うきっかけになります。強制ではなく、みずから食べてみようと思えるような誘い方が必要です。楽しくおいしく食べる工夫をたくさんできるといいですね。

茶々保育園グループの昼食はビュッフェ形式。子どもが自分で食べられる分だけ盛りつけます。

好き嫌い克服のポイント

ひと口でも口に入れたらチャンス！

食べようという気持ちを認めてあげましょう。

野菜を育てる

ピーマン、トマトなどを育てて食べると格別です。

前向きな声かけを

「いっしょに食べるとおいしいね」「苦いけどよくかむと甘いよ」といった声かけが大事。

苦手なものでも食卓へ

ささいなことがきっかけで食べたりするので週１回でも出しましょう。

楽しく食べること

大好きなパパママ、家族と、食事タイムを楽しく、おいしく。

食事のあとは、きちんと口をふいたり、テーブルをふいたりします。

茶々保育園グループ

「オトナな保育園」をコンセプトに子どもをひとりの人間として尊重し、子どもの自主性を伸ばす新しいスタイルの保育園として注目を集めています。関東近県に12の茶々保育園グループがあります。写真は保育士と栄養士のみなさん。

好き嫌い・偏食

幼児食のお悩み 1

Q はじめての食品でも食べるものと食べないものが。なぜ好き嫌いをするの？
（1才7カ月）

A 生まれてはじめて口にする母乳は甘みが主体。酸味や苦みは本能的にいやがります

生まれてはじめて口にする母乳の味は、うっすらとした甘みが主体です。この記憶があるため、子どもは基本的に甘いものを好みます。ごはんや果物など、甘みのある食品を嫌う子が比較的少ないのはそのため。一方で、人間には「酸味は腐敗、苦みは有毒物質のサイン」ととらえる本能が備わっています。ですから酢の物や、ピーマンのような苦みのある野菜を嫌う子が多いのです。

こう考えると子どもの好き嫌いは、ある意味では自然なこと。あまり神経質にならず、少しずついろいろな食品を体験できるように手助けしてあげましょう。

Q 食べたくないものを無理に食べさせるのはかえってよくない気がします
（1才8カ月）

A 「ひと口だけ食べてみる」などの励ましでできるだけいろいろな味の体験を

幼児期の未熟な味覚は、いろいろな味や食感にふれることで育ちます。無理じいはよくありませんが、「この子はこれが嫌い」と決めつけて好きなものだけ与えていたのでは、味覚の幅が狭まり、豊かに育っていきません。

嫌いなものは「ひと口だけ食べてみよう」作戦でトライしてみましょう。少しでも食べられたら、「うわぁ～！ えらいねえ！」とたくさんほめてあげて。苦手なものでもあきらめず、くり返し食卓に登場させることが大切です。何回か食べるうちにその味に慣れ、そのうちに好きになるのも珍しいことではありません。

Q 牛乳が嫌いです。毎日飲まないといけない？
（3才）

A 目安は1日にコップ1杯半程度。料理に入れるなど工夫してみて

丈夫な骨をつくるための大事な時期なので、カルシウムたっぷりの牛乳や乳製品はぜひとりたいもの。1才～3才児が1日にとりたいカルシウムの量は約400mg。大人の摂取量が600mgなので、体の大きさのわりにたくさんの量が必要です。目安は、牛乳でとるなら毎日コップ1杯半～2杯（300～400mℓ）。これを朝食、昼食、おやつなど2～3回に分けて飲ませます。そのまま飲むのが苦手なら、シチューやスープなどの料理に入れてとらせます。カルシウム豊富なヨーグルトやチーズ、小魚やとうふなども意識してとり入れましょう。

Q ぜひ食べてほしい色の濃い野菜をいやがります。どうすれば食べるようになる？
（1才10カ月）

A かたさや大きさ、味つけを変えることで食べるようになることも

かたい、かみにくい、味がいやなど、野菜を嫌う理由はさまざまです。まずは「嫌いな理由」を見つけて調理を工夫してみましょう。かたいのがいやなら小さめに切ってみる、こまかくしてみる、やわらかめにゆでてみる。味がいやならゆでこぼしてクセをやわらげてみる、素材の味が目立たなくなる味つけにしてみる、など。95ページからの苦手克服メニューも参考にしてください。

ただし、工夫してもダメなら無理じいしないこと。「青菜は嫌いだけどブロッコリーはOK」など、同じ栄養価のほかの食材を食べていればよし、としましょう。

子どもの食べ方 Q&A 食べない・小食

幼児食のお悩み 2

Q いわゆる「食の細い子」です。栄養失調になったりしないの？

（1才10カ月）

A 2～3日の単位で栄養のバランスがとれていればだいじょうぶ

少量しか食べない子は「栄養が足りないのでは？」と不安になりますね。でも成長曲線のカーブに沿ってそれなりに体重がふえ、元気に過ごしていればまず心配ありません。１回の食事の量で神経質にならず、２～３日の単位でバランスよく食べていればOK。

しっかり食べさせる基本は、「食事の前にはおなかをペコペコにする」こと。そのために、①食事と食事、おやつと食事の間は最低でも２～３時間はあける②外遊びなどで体を動かす③早寝・早起きを心がけ、食事の時間を決めて規則正しい生活リズムにする、などを心がけて。

Q たくさん食べてほしくて盛りつけも工夫するのに食が進みません

（1才9カ月）

A お皿に盛る量は少なめに。ママの満足より子どもの達成感を大切にしてあげて

食べない子には「あれもこれも食べさせたい」と期待を込めて、器にたくさん盛ってしまいがち。でも、これは逆効果になることもあります。１回の食事量としてはもの足りなくても、まずは器に少なめに盛りつけてみましょう。いつもの半分、３分の１の量でも、完食して得られる「全部食べられた！」という達成感はかけがえのないもの。お皿がきれいになってもまだ食べられそうなら、あらためて少量をおかわり。ママに「ぜんぶ食べられて、えらかったね」とほめられると自信がつくし、「また食べてみよう」という気持ちもわいてきます。

Q 食べることに意欲的になってほしくて、食卓でついしかってしまいます

（2才7カ月）

A 無理じいしたり、おどしたりするのは逆効果。食べる楽しさを教えて

食べることにあまり意欲的でないタイプの子に遊びを無理やり中断させて食べさせたり、「食べなかったらテレビを見せないよ」とおどしたりすると、ますます食事に興味を失うことにもなりかねません。食事は義務ではなく、楽しいことなのだという雰囲気をつくりましょう。遊びやテレビはキリのいいところでやめ、食事の時間ギリギリまで引っぱらないようにします。食卓では家族が「おいしいね」と声をかけ合いながら食べていますか？　笑顔や笑い声があるでしょうか？　「食べることは楽しい」と実感させてあげてください。

Q 食べることにあまり興味がないみたい。一生こんな状態なの？

（1才11カ月）

A 料理のお手伝いをさせてみるなど、食への興味を引き出す働きかけを

キャベツの葉をちぎる、豆のさやをむくなど、ごく簡単なことでよいので、料理の手伝いをさせてみてはどうでしょう？　自分がむいたりちぎったりすれば、苦手な野菜も身近な存在になるでしょう。食べ残しが減るかもしれません。ママが料理を作る間にテレビを見せておくのではなく、キッチンでお話ししながら調理の様子を見せるのもいいですね。買い物に行ったらサッサとかごに入れるのではなく、「どれがいいかな？」といっしょに野菜を選んでみましょう。大人が工夫して、食への興味を引き出す働きかけをしてあげるといいと思います。

子どもの食べ方 Q&A

幼児食のお悩み 3

食べすぎる・肥満が心配

Q 身長 90㎝で体重が17kg近くあります。このまま太り続けたらどうしよう……

（2才6カ月）

A 成長曲線からはずれていくようなら調理法や素材に少し工夫を

母子健康手帳の成長曲線をチェックしてみましょう。ラインに沿って体重がふえているなら問題ありませんが、大きくラインをはずれる、標準値の範囲を大幅に超える、などなら注意が必要。食事の量よりも、内容や食習慣を見直しましょう。油ギトギトのいため物や揚げ物など高エネルギーのメニューが多い、お菓子をよく口にする、外食が多い、などが思い当たるようなら、改善を。おやつは甘いお菓子を与えるのではなく、次の食事までの「補食」として、小さいおにぎりや果物などを食べさせましょう。

Q 山盛りのごはんをあっという間に食べてしまうのですが

（2才3カ月）

A 脳の満腹中枢が未熟な幼児期。食べる量は大人が決めましょう

1～2才代は脳の満腹中枢が未発達で、「おなかがいっぱい」という満腹感がわかりにくいのです。そのため、たくさんの量をパクパク食べる子もいます。大人が見て食べすぎているようなら、ある程度食べたところで「そろそろ、ごちそうさまにしようか」と声をかけましょう。よく食べる子はかまずにまる飲みしていることも多いですね。「よくカミカミしようね」と気をつけて見てあげて。

大皿に盛りつけたおかずを各自取り分けて食べる家庭では、食べる量が多くなりがちです。子どもの分はお皿に盛りつけるなど、大人が量をコントロールして。

Q 夕食の時間が遅くなりがちです。ぽっちゃり体型と関係ある？

（2才9カ月）

A 子どもの夕食はできるだけ夜７時までにすませましょう

食べたものが消化されるまでには２～３時間かかります。遅くに食事をしてすぐに寝ると、食べたものがきちんと消化されず、眠りが妨げられるだけでなく、寝ている間に脂肪をため込みやすくなります。幼児は９時には寝かせたいと考えると、夕食は７時までにすませたいもの。

パパの帰りを待ったり、ママが働いていたりすると夕食の時間がどうしても遅くなりがちですが、子どもの分だけ先に作って食べさせたり、前日に作り置きして調理時間を短縮するなど工夫してみて。また、夕食がすんでからのおやつは太る原因になるのでNGです。

4
章

よくかんで、栄養もしっかり!
子どもの脳と体を育てるレシピ

幼児期は体がどんどん大きくなるだけでなく、
脳も発達する大切な時期です。
よくかんで食べる習慣や、青背の魚の DHA やカルシウム、
鉄などの栄養がしっかりとれる食事が
子どもの健やかな成長を促します。

かむ力を育てましょう

よくかんで食べることで、体や脳がより健やかに発達します。

よくかんで食べると、消化吸収がよくなり栄養がしっかりとれます

よくかむと食べ物が口の中でこまかくなってだ液とまざり、胃腸で消化吸収されやすくなるため、栄養を効率よくとることができます。またかむ力がつくと、いろいろなものが食べられるようになり、栄養バランスがよくなります。幼児期はよくかんで食べる習慣をつけると健やかな成長へとつながります。

さらに、かむことで脳を刺激し、発達を促したり、あごが発達して歯並びがよくなったり、早食いをしにくく肥満予防に役立つといったよい影響もあります。幼児期のはじめは、まだしっかりかむことはできません。調理の工夫や「よくかんで食べようね」といった声かけを通して、かむ力を育てましょう。

歯の生え方とそしゃく力の発達に合わせて食べる力のトレーニングを

離乳食が完了する1才半ごろに奥歯（第一乳臼歯）が生え始め、3才ごろには乳歯がきれいに生えそろうといわれていますが、個人差が大きく、上下がそろわないと正しくかめません。また歯が生えたからといって、すぐにじょうずに食べられるわけではありません。

そしゃく力の発達はゆっくりで、永久歯が生えてくる6才でも大人の40％くらいで、大人と同じそしゃく力に達するのは15〜16才といわれています。幼児期は、いろいろなかたさや大きさ、ねばりや弾性のあるものを積極的に与えましょう。そしゃく力とは、かたいものを食べる能力だけではなく、食べ物のサイズやかたさ、大きさ、食感に合わせて、食べ方を調整する力だからです。

そしゃく力の発達

1才半ごろ

上下の前歯4本が生えそろい、前歯で食べ物をかみ切れるように。第一乳臼歯（奥歯）も顔を出し始めますが、上下がそろわないとすりつぶすことはできません。

2才ごろ

第一乳臼歯が上下4本そろい、乳犬歯に続いて2才半ごろには、第二乳臼歯も生えてきます。奥歯で食べ物をすりつぶせるようになってきます。

3才ごろ

すべての乳歯20本が生えそろいます。かみつぶすことがじょうずになるので、いろいろなかたさの食べ物を積極的に与えます。

5才ごろ

しっかりよくかむことで、そしゃく力もまた消化吸収能力もアップします。早い子では、最初の永久歯（6才臼歯）が生えてきます。

かむ力を育むポイント

「かむ力を育てる」＝「かたいものを食べさせる」ではありません。
いろいろな食材を食べているうちに、少しずつかむ力がついてくるのです。

1 いろいろな食材を献立にとり入れる

やわらかいものだけでは、かむ力をしっかりとつけることはできません。きゅうりのようにパリパリしたもの、弾力のある肉、少し筋のある青菜、くにゅっとした食感のきのこなど、いろいろな食感を体験させると、よくかんで食べられるようになります。

2 一皿料理ではなく、主食、主菜、副菜がそろった定食形式を中心に

カレーライス、焼きそば、卵かけごはんなどは、子どもが大好きですが、よくかまずに飲み込んでしまいがち。主食のごはんに、肉か魚のおかず、野菜の副菜、汁物をそろえた定食形式の献立のほうがかむ力が育ちます。子どもが好きな一皿料理が多くなりすぎないように気をつけましょう。

3 子どものかむ力に合わせて、切り方や下ごしらえ方法を工夫する

かたくて食べにくいものばかりでは、食事をするのがつらくなってしまいます。子どものかむ力に合わせて、食べやすい切り方や下ごしらえを。たとえば筋っぽい青菜は短めに切る、かたい根菜類は下ゆでしてからいためるか煮るといったひと手間で食べやすさアップ。

4 おやつにかみごたえのあるものや食感の楽しいものを

パリパリした食感の野菜チップスやかみごたえのあるレーズンやアプリコットなどのドライフルーツも、かむ力を育てます。ドライフルーツは手作りのパンケーキに入れたり、シリアルにまぜてもよいですね。カリカリした食感のナッツ類を手作りのクッキーに入れても。せんべいや弾力のあるだんごなどもおすすめです。

よくかむといいことがいっぱい!

- 消化吸収がよくなり、栄養がしっかりとれる
- 食べられるものが多くなり、好き嫌いが減る
- 脳を刺激して、発達を促す
- あごの骨が発達し、歯並びがよくなる
- ゆっくり食べるので太りにくい

巻いて厚みを出すとかみやすい

サラダ菜のハム巻き

材料（幼児1人分）

- サラダ菜 …… 1枚
- ハム …… 1枚
- マヨネーズ …… 少々

作り方

サラダ菜にマヨネーズをぬり、ハムをのせ、くるくると巻いてようじで止める。食べやすく切る。

Point 薄い葉ものは意外とかみにくいもの。ハムやスライスチーズなどと巻いてあげるとパクッと食べられます。

食感の違う食材を組み合わせて

ピーマンとコーンいため

材料（幼児1～2人分）

- ピーマン …… 1個
- ホールコーン（缶詰）…… 大さじ2
- ツナ缶 …… 20g
- バター …… 小さじ1
- 塩 …… 少々

作り方

1. ピーマンは横に細く切る。
2. フライパンにバターをとかし、ピーマン、コーン、ツナをいためる。ピーマンがしんなりとしたら、塩で味をととのえる。

Point ピーマンは繊維を断ち切るように横に切るとかみ切りやすくなります。緑のピーマンが苦手なら、甘みのある赤ピーマンやパプリカでもOK。

根菜は下ゆでして食べやすく

大根とにんじんのなます

材料（幼児3～4人分）

大根	100g
にんじん	20g
ベーコン	1枚（細切り）
A 砂糖・酢	各小さじ1/3
A しょうゆ	小さじ2/3
油	小さじ1

作り方

❶大根、にんじんはそれぞれ縦に短冊切りにし、ゆでて水けをきる。

❷フライパンに油を熱し、ベーコン、①をいためる。A、水適量を加え、汁けがなくなるまでいため煮にする。

Point 短冊切りは口に入りやすく、子どもにも食べやすい切り方。ベーコンでコクを出すとよりおいしく感じられます。

カリカリとした食感が楽しい

さつまいもチップス

材料（幼児3～4人分）

さつまいも	150g
揚げ油	適量

作り方

❶さつまいもは薄切りにして水に5分さらし、水けをよくふく。

❷揚げ油を150度に熱し、①をゆっくり揚げる。カリッとしたら引き上げて油をきる。

Point いろいろな食感を経験させることも大切。カリカリとした歯ごたえは子どもも大好きです。

歯医者さんがアドバイス

かむ力を育てるために幼児期に気をつけたいこと

歯並びやかみ合わせは、かむ力に大きな影響を与えます。幼児期に特に気をつけたいポイントを教えていただきました。

よくかんであごの骨を発達させることが大切です

3才~5才児の歯科健診をすると、虫歯はないのですが、口の中が狭く、歯並びやかみ合わせに問題のある不正咬合《こうごう》が目立ちます。また、アレルギー性鼻炎などアレルギー症状のある子が多いのです。

不正咬合は、全身の健康にも影響を与えます。まずかむ力が弱いので、効率よく食べ物を消化し、栄養を吸収しにくくなってしまいます。また鼻腔が狭いために口呼吸をするのが原因で姿勢が悪くなったり、扁桃腺が肥大したりといったりすることもあります。不正咬合の原因のひとつが、あごの骨が十分に発達していないことです。そのため、歯があごにおさまりきらず、並びが悪くなるのです。

一方、あごの骨が十分に発達していると歯並びがきれいなだけでなく、しっかりかめるので、消化吸収が効率的にでき健やかな成長につながります。あごの発育にともなって鼻腔も広がり、鼻で呼吸しやすくなるため口呼吸をしなくなります。その結果姿勢がよくなり、扁桃腺も小さくなるなど、全身がよい状態になっていきます。

ひと口30回はかんで食べましょう

幼児期は脳が発育中のため頭蓋骨縫合線や顎顔面領域の縫合線がまだついていませんから、よくかむことであごの骨を発達させ、口の中を広げることが可能です。それには家庭でどのように食事をさせるかが大変重要です。バランスのよい献立で、薄味を心がけたうえで、ひと口30回はかんで食べるのが理想的です。そのためには、早く食べるようにせかすのではなく、ゆっくりかんで食べられるように食事の時間に余裕をもってください。

もうひとつ守りたいのが、食事に水を添えないことです。食べながら水を飲むと、よくかまずに水で流し込みやすいのです。また胃酸が水で薄まるため、消化が悪くなってしまいます。最近は小児のメタボリックシンドロームなども問題になっていますが、よくかむことで食べすぎを防ぐこともできます。幼児期の習慣は、大人になってからの健康にも影響しますから、幼児期にしっかりかむ習慣をつけていきましょう。

お口まわりの発達を促す習慣と遊び

日ごろの何げない遊びや行動がお口まわりの発達に役立ちます。

1才～1才半

- おしゃべりをする
- よくかむ

Point おしゃぶりをやめましょう。卒乳が遅れるとむし歯のリスクが高まるので気をつけて。

1才半～2才

- ストローを吹く
- ラッパなどのおもちゃを吹く

Point 指しゃぶりをやめさせましょう。長く続くと、出っ歯、開咬、発音、嚥下《えんげ》、あごの発達に影響が!

3才～5才

- シャボン玉で遊ぶ
- ストローでぶくぶくする
- にらめっこをする
- 口笛を吹く

塚原宏泰 歯科医師
（つかはら・ひろやす）
塚原デンタルクリニック院長。東京・千代田区立いづみ子ども園園医。
歯のみならず口腔内を健康にし、食事をおいしく食べられ、元気に過ごせるようにとの方針で治療、指導にあたっています。元東京医科歯科大学歯学部客員臨床教授、日本大学松戸歯学部兼任講師。

鼻呼吸が大事！ 口呼吸になるとこんな心配が！

上あごの発育不良によって口呼吸になると引き起こされやすい症状、直接の原因ではなくても関連が深いとされる症状です。

- [ ] 歯並びが悪い
- [ ] 寝ているとき、口が開いている
- [ ] いびきをかく
- [ ] いつも、ボーッとして口を開けている
- [ ] 姿勢が悪い
- [ ] 寝相が悪い
- [ ] 唇が荒れたり、切れたりしやすい
- [ ] かぜをひきやすい
- [ ] 扁桃腺がはれやすい
- [ ] 鼻や耳が悪く耳鼻科に通院している
- [ ] ぜんそくがある
- [ ] アレルギーがひどい
- [ ] おねしょがなかなか直らない
- [ ] 落ち着きがない

青背の魚をじょうずに食べさせましょう

さば、いわしなど青背の魚には、記憶力を高めるＤＨＡが豊富です。

青背の魚のＤＨＡが脳の働きを活性化

いわしやさばなど青背の魚の脂肪にはＤＨＡ（ドコサヘキサエン酸）という成分が豊富に含まれています。これは脳内で情報を伝える神経伝達物質をふやしたり、円滑に動くようにしたりして、脳を活性化する働きがあります。神経伝達物質は記憶力や集中力に関連しているため、ＤＨＡをとると頭がよくなるといわれるのです。幼児期は脳が発育中ですから、離乳食が完了したら、青背の魚も積極的に食べさせたいですね。

魚は肉に比べて調理に手間がかかることが多く、骨やくさみがあって食べにくいと感じる場合もあります。だからといって親が敬遠すると、子どもは食べる機会が少なくなってしまいます。魚のＤＨＡの記憶力を高める働きは年齢を問わずに効果があり、認知症の予防にも有効といわれています。家族みんなで週に2回以上は青背の魚を食べるようにするとよいですね。

新鮮なものを選び調理の工夫で食べやすく

青背の魚は独特のくさみがあるので、調理にはひと工夫が必要です。もっとも大切なのは、できるだけ新鮮なものを選ぶこと。鮮度が落ちるとくさみが強くなるうえ、脂肪が酸化してしまいます。ＤＨＡは脂肪に含まれる成分ですから、新鮮で脂の乗ったものを選ぶのが賢い方法です。いわしなど小骨の多いものは、子どもが魚嫌いになる原因になるので、ていねいにとり除きましょう。また、青背の魚以外でも、まぐろやかつお、鮭などにもＤＨＡが豊富に含まれています。下ごしらえが手間に感じる場合は、おろしたものを求めたり、さばや鮭なら水煮缶を使っても。本来は刺し身で食べると脂が効率よくとれるのですが、幼児の場合は、多少油が落ちても加熱したほうが安心。揚げたり、照り焼きにしたりするとくさみがやわらぎます。

主な青背の魚と DHA が豊富な魚

- **いわし** 小骨をとり除いてあげて。
- **さわら** 切り身になっているので調理がラク。
- **あじ** 三枚におろしてひと口大に切って。
- **ぶり** 腹がわのほうが脂が多め。
- **さんま** 三枚におろすと、食べやすい。
- **さば** みそ煮は食卓で身をほぐしてあげて。
- **かつお** 刺し身をソテーしたり、揚げても。
- **まぐろ** 刺し身は照り焼きや漬けにしても。
- **鮭** 皮や身の中の骨をとり除いて。

食べやすくする 調理のポイント

水けをふいてくさみをとる

魚の水けにはくさみがあります。パックから出したら、キッチンペーパーでふいてから調理すると、くさみを感じにくくなります。

下味をつける

しょうゆなどの調味料にしばらくつけて、下味をつけると、独特のくさみが気になりません。立田揚げや照り焼きなどに。

小骨をとる

三枚におろした身の中央に連なる「血合い骨」のような小骨が口に当たると、魚嫌いの原因に。包丁で血合いごと切り落として。残った骨は、骨抜きで抜きましょう。

子どもの好きな味に

くさみ消しにしょうがやねぎを入れすぎると、子どもには食べにくくなることも。子どもの好きな味つけにすると、食べやすさアップ。トマト煮やケチャップ味、甘辛い照り焼きなどがおすすめ。

サクッとした食感で食べやすく

あじフライ

材料（幼児２人分）

あじ（三枚におろしたもの）· 正味100ｇ
塩 ………………………………… 少々
牛乳、小麦粉 ……………………… 各小さじ１
パン粉（こまかくする）……… 適量
揚げ油 ……………………………… 適量

作り方

❶ あじはひと口大に切って塩を振り、５分ほどおいて水けをふく。
❷ ボウルに牛乳と小麦粉を合わせてまぜ、①をくぐらせ、パン粉をつける。
❸ フライパンに揚げ油適量を中火で熱し、揚げ焼きにする。あればパプリカ少々を好みの型で抜き、素揚げにして添える。好みでソースをつけて食べてもよい。

Point あじは小骨をとり除き、ひと口大に切るのが食べやすさのコツ。揚げるとくさみを感じにくくなります。

子どもの好きなトマト味で！

ぶりのトマト煮

材料（幼児２人分）

ぶり ……………………………… 100ｇ
玉ねぎ …………………………… 1/4個
にんにく（みじん切り）…… 少々
A ┌ トマトジュース　大さじ４
　 └ 水　大さじ２
塩 ………………………………… 適量
こしょう、小麦粉 ……………… 各少々
オリーブ油 ……………………… 小さじ２

作り方

❶ ぶりはひと口大のそぎ切りにする。塩少々を振り、５分ほどおいて水けをふき、小麦粉を薄くまぶす。玉ねぎは横に薄切りにする。
❷ フライパンにオリーブ油を熱し、にんにく、玉ねぎを弱火でいためる。しんなりとしたら①のぶりを加えて両面を焼く。
❸ A を加えて２～３分煮、塩、こしょう各少々で味をととのえる。あればパセリのみじん切りを振る。

Point ぶりは一口大のそぎ切りにすると味がなじみやすく、やわらかい食感に。トマトは煮込むと甘みが増します。

しょうゆとみりんでやさしい甘辛味に

さわらの照り焼き

材料（幼児２人分）

さわら……100g
塩、小麦粉……各少々
A しょうゆ、みりん、水　各小さじ１
油……小さじ１

作り方

❶さわらは塩を振って５分ほどおき、水けをふいて小麦粉を薄くまぶす。
❷フライパンに油を熱し、①を並べ入れて両面を焼く。A を回し入れ、全体にからめる。

Point ごはんが進む甘辛味なら魚おかずも食べやすい。めかじきやぶり、あじを使っても。

下味をつけるとくさみが気にならない

かつおの立田揚げ

材料（幼児２人分）

かつお……100g
A
- しょうが汁　少々
- おろしにんにく　少々
- しょうゆ　小さじ１
- 酒　小さじ１

かたくり粉……適量
揚げ油……適量

作り方

❶かつおはひと口大のそぎ切りにする。バットに A を合わせてかつおをなじませ、15 分ほどおく。
❷①の水けをふき、かたくり粉をまぶす。揚げ油を 170 度に熱し、２～３分かけて揚げ、油をきる。

Point しょうゆで下味をつけてあるので、冷めてもおいしく食べやすい。おべんとうのおかずにもおすすめ。

カルシウムと鉄をしっかりとりましょう

必要な量をきちんととることが健やかな成長につながります。

骨をつくるカルシウム、血液をつくる鉄をとりましょう

日々成長する幼児期に欠かせないのが、体をつくる栄養素。タンパク質に加えて、骨をつくるカルシウム、血液をつくる鉄は、特にしっかりとりたい栄養素です。

子どもの背が伸びるのは、骨が伸びているからです。成長ホルモンが分泌されると骨端《こったん》にある成長軟骨帯で新しい骨がつくられ、骨が伸びていくのです。また骨の中には血管があり、ここから骨をつくるために必要なタンパク質やカルシウムなどの栄養をとり入れています。

骨をつくる栄養素の中でもカルシウムは不足しやすいので、気をつけて。乳製品のカルシウムは体に吸収されやすいので、牛乳やヨーグルトなどをしっかりとり、献立にカルシウムが豊富な青菜や海藻、大豆製品などを加えるとよいでしょう。食が細い子は牛乳を飲んだだけでおなかがいっぱいになる場合もあるので、おやつの時間に飲ませたり、朝ごはんのあとにヨーグルトを食べさせるなど、食事にひびかないようタイミングを工夫して、毎日の習慣にすると必要な量がとりやすくなります。

ビタミンCと合わせると鉄の吸収率アップ

一方、鉄は血液中のヘモグロビンの成分として欠かせない栄養素です。ヘモグロビンは体中に酸素を運ぶ働きをしているため、鉄が不足すると食欲がなかったり、元気がなかったりします。また長期的に不足すると、脳の神経伝達物質がつくられにくくなるといわれています。

体も脳も元気に成長するためには、鉄をしっかりとることが大事。特に離乳後は鉄が不足しやすい時期なので、注意が必要です。鉄は、果物や野菜などビタミンCを豊富に含む食品とあわせてとると、吸収をよくすることができます。

亜鉛不足にも気をつけて

カルシウム、鉄以外にも、不足しないように気をつけたい栄養素が、亜鉛です。というのも亜鉛は、体内でタンパク質の合成を助けたり、新陳代謝をスムーズにするために欠かせないからです。また不足すると味覚障害が起きることもあります。亜鉛は普通に食事をしていれば不足しにくいのですが、食品を加工するときに失われやすいため、加工食品が多い食生活を続けると不足しやすくなります。できるだけ手作りの料理を食べさせると安心です。

カルシウムのじょうずなとり方

乳製品は１日400gを目安に

牛乳コップ１～２杯にヨーグルトやチーズを組み合わせてとる。

青菜、大豆製品、海藻をとる

みそ汁の具にするなど、少しずつでも毎日とりましょう。とうふは木綿のほうがカルシウム豊富です。

骨ごと食べられる魚缶を活用

さばや鮭の水煮缶は骨ごとやわらかく食べられ、調理も簡単。

鉄のじょうずなとり方

赤身の肉、魚を主菜に

牛もも肉、まぐろ、かつおなどに鉄が豊富です。

野菜や大豆製品、海藻をとる

納豆などの大豆製品、モロヘイヤ、小松菜などの青菜のほか、ひじきなどの海藻類からも鉄がとれます。

レバーは焼きとりを利用

鉄が多い食品といえばレバー。焼きとりを利用すると、手軽に調理できます。

ビタミンＣの多い果物といっしょに

野菜類を献立に添えるほか、デザートにかんきつ類などビタミンＣが多い果物を食べると鉄の吸収率がアップ。

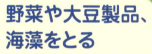

骨ごと食べられる魚缶詰を使います

さば缶のポテトサラダ

材料（作りやすい分量・幼児 3 〜 4 人分）

じゃがいも ………… 1 個
さば缶 ………… 70g
パセリ（みじん切り）………… 少々
マヨネーズ ………… 大さじ 1/2
塩、こしょう ………… 各少々

作り方

1. じゃがいもは皮つきのままやわらかくゆで、皮を除いてつぶす。
2. さば缶は汁けをきってほぐす。
3. ボウルに①、②、パセリを合わせ、マヨネーズを加えてあえる。塩、こしょうで味をととのえる。

Point さば缶は骨もやわらかく食べられるので、カルシウムが効率よくとれます。下ごしらえの手間もないので簡単！

ごはんにかけて食べてもおいしい！

モロヘイヤの納豆あえ

材料（作りやすい分量・幼児 2 人分）

モロヘイヤ（葉）………… 50 g
納豆 ………… 1 パック
しょうゆ ………… 小さじ 1/3

作り方

1. モロヘイヤはやわらかくゆでてこまかく刻む。
2. 納豆は添付のたれを加えてまぜる。
3. ボウルにモロヘイヤ、しょうゆを入れてまぜ、②を加えてあえる。

Point 青菜はカルシウムや鉄が豊富な野菜。積極的に食べるようにしましょう。鉄やカルシウムの含有量はモロヘイヤには及びませんが、小松菜やほうれんそうでも OK。

定番のミートソースで鉄摂取量がふやせます

焼きとりレバー入りミートソーススパゲティ

材料（作りやすい分量・幼児2～3人分）

焼きとりレバー	50g
合いびき肉	50g
玉ねぎ	1/8個
にんにく	少々
スパゲティ（1人分）	50g
ケチャップ	大さじ2
塩	適量
こしょう	少々
オリーブ油	小さじ1

作り方

1. 焼きとりレバーはこまかく刻む。玉ねぎ、にんにくもみじん切りにする。
2. フライパンにオリーブ油を熱し、玉ねぎ、にんにくをいためる。香りが立ったらひき肉を加えていためる。
3. 肉の色が変わったら焼きとりレバーを加えてさらにいため、ケチャップを加えて全体になじませ、塩、こしょうで味をととのえる。
4. スパゲティは表示どおりにゆで、③の1/2～1/3量をのせる。

Point 下処理にひと手間かかるレバーは焼きとりを使うと手軽。こまかく刻んでまぜるので、レバーが苦手な子どもにもおすすめ。

粉チーズとバターでコクを出します

木綿どうふのチーズステーキ

材料（幼児2人分）

木綿どうふ	100g
ミニトマト	2個（半分に切る）
塩、こしょう	各少々
小麦粉	適量
バター	小さじ1
粉チーズ	小さじ1/2

作り方

1. とうふはキッチンペーパーに包んで15分ほどおいて水きりし、食べやすく切る。塩、こしょうを振って、小麦粉をまぶす。
2. ミニトマトは半分に切る。
3. フライパンにバターをとかし、①の両面を焼く。あいているところでミニトマトも焼く。皿に盛り、粉チーズを振る。

Point とうふは絹ごしより木綿のほうがカルシウムなどの栄養価は高い。水きりして使うとくずれにくくなります。

子どもの体にやさしい手作りおやつ

簡単スティックパン

おやつは子どもにとって大切なエネルギーと栄養補給の時間。このパンのレシピを知っておくと、手づかみ食べが始まる1才過ぎから、幼児期を通して役立ちます。パンはこねて発酵させたり、オーブンで焼いたりと、むずかしい印象ですが、このレシピは驚くほど手軽。生地がこねやすく、一晩冷蔵庫でねかせておけば発酵も手間いらず。オーブントースターやフライパンでも焼けます。

おすすめポイント

〈子どもに安心〉

- 手づかみ食べがしやすい
- ほどよいかみごたえでかむ力アップ！
- 添加物なしで体にやさしい
- いろいろな味が楽しめる！

〈作るのが簡単！〉

- こねるのがラク
- 冷蔵庫に一晩おけば発酵OK
- オーブントースターやフライパンで焼ける
- 冷凍保存ができる

材料（約9～10本分）

強力粉 ……… 100 g
砂糖 ……… 5 g（小さじ1）
塩 ……… 1 g（小さじ1/4弱）
牛乳 ……… 50mℓ
水 ……… 20mℓ
インスタントドライイースト
…… 1 g（小さじ1/4弱）

基本のスティックパンの作り方

1 小麦粉、砂糖、塩をよくまぜる

材料は正確にはかりましょう。できればデジタルスケールではかり、ゴムベラでしっかりとまんべんなくまぜることがポイント。

2 牛乳、水、イーストを合わせる

牛乳と水を合わせ、イーストを入れます。2～3分後、少し揺らすとイーストが沈みます。イーストがだれるので、長時間おかないこと。

ドライイーストを合わせてすぐ　→　2分後

3 粉とイースト入り牛乳をよくまぜる

②の容器を軽く揺すりながら一気に入れると、イーストが残らずにきれいに入ります。ゴムべらで生地をまとめるようによくまぜます。

4 ある程度まとまったら手でこねる

ある程度まとまったら、ゴムベラについた生地もきれいにとって手ごねにチェンジ。指先で生地を折りたたむようにこねます。

5 3分ほどこねたら冷蔵庫へ

水分が全体に行きわたったらこね完了！　表面が写真のようにデコボコでもOKです。密閉容器に入れ、冷蔵庫に8時間以上おきます。

一晩おくと1.5～2倍に

右がねかせる前、左が冷蔵庫でねかせたあと。一回り大きくなったぐらいのイメージです。冷蔵庫の温度は6度ぐらいがベストです。

6 一晩おいた生地をのばす

生地をめん棒でのばし広げます。厚みは5～7㎜ぐらい。生地がベタつくときは、分量外の強力粉を軽く振ると扱いやすくなります。

7 のばした生地を切る

厚みは5～7㎜くらい

生地をピザカッターで1㎝程度の幅にカットします。包丁の場合は刃を前後に動かさず、一気にカットして。切り口はもっちり厚みがあります。

8 焼く

オーブントースターなら

オーブンシートの上に並べ、予熱なしで1200Wなら7分（900Wなら11分）が目安。きれいな焼き色がついたらできあがり。

グリルなら

予熱なし、両面焼きのグリルの中火で3分（片面焼きの場合はひっくり返してもう3分）焼きます。

フライパンなら

オーブンシートの上に並べ、予熱せずにふたをして焼きます。弱火で7分が目安です。

できあがり

スティックパンのバリエーション

さつまいもパン

材料

A
- 強力粉　100ｇ
- 砂糖　5ｇ
- 塩　1ｇ（小さじ 1/4 弱）

B
- インスタントドライイースト　1ｇ（小さじ 1/4 弱）
- 水　60mℓ
- ゆでて皮をむき、あらみじん切りにしたさつまいも　30ｇ

きな粉パン

材料

A
- 強力粉　90ｇ
- 砂糖　5ｇ
- 塩　1ｇ（小さじ 1/4 弱）
- きな粉　10ｇ

B
- インスタントドライイースト　1ｇ（小さじ 1/4 弱）
- 牛乳　60mℓ
- 水　5mℓ

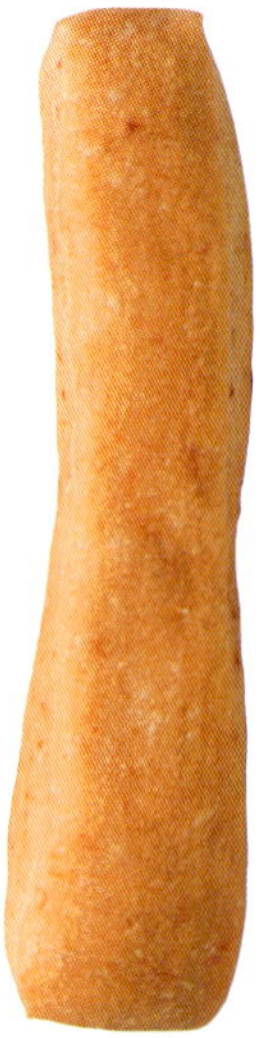

トマトパン

材料

A
- 強力粉　100ｇ
- 塩　1ｇ（小さじ 1/4 弱）

B
- インスタントドライイースト　1ｇ（小さじ 1/4 弱）
- カットトマト缶詰め（あらくつぶす）　70ｇ

作り方

❶ A を正確にはかり、ゴムべらでよくまぜ合わせる。

❷別のボウルに B を入れ、イーストに水を含ませる。かきまぜなくても、イーストが沈むまで待っていればＯＫ（２～３分）。

❸①に②を一気に入れ、ボウルの底からまぜるようにして生地をまとめる。生地が粉っぽくてまとまらない場合は、ごく少量の水を少しずつ加えてこねながら様子を見る。

❹ある程度まとまったら、手でこねる。目安は２～３分。生地を丸めて密閉容器に入れ、８時間以上冷蔵庫でねかせる。1.5～２倍になればＯＫ。

❺生地をめん棒で５～７㎜の厚さにのばし、１㎝幅にカットしてオーブンシートに並べる。

❻オーブントースターで、予熱なし 1200W で７分焼く。フライパンなら予熱なし弱火で７分。グリルなら予熱なしで両面焼きなら中火で３分、片面焼きならひっくり返してもう３分焼く。

具の準備

液体の具は仕込み水を使いません

具は均一にまぜたいので仕込み水に入れますが、きな粉や青のりなど粉のものは小麦粉にまぜます。固体の具は粉 100ｇに対して 30ｇまで。それ以上入れると生地がまとまりにくくなります。また、トマト缶や豆乳などは、そのものが水がわりになります。ひっくり返してもう３分焼く。

- 固体（粉 100ｇに対して 30ｇぐらいまで）
  さつまいも、バナナ、しらす干し　など
- 固体（全体の水分量を調節する）
  ヨーグルト、トマト、豆乳　など

1回に食べさせてもいい量は？

3才～5才は3本くらい食べられます

1食当たりの目安は、スティックパン1本20ｇの場合、1才～1才半は1本、1才半～2才は2本、3才～5才は3本です。食事がわりのおやつには、シンプルで甘くないものが向いています。

写真のようにパンがゆにして食べさせてもおいしい。おかゆにするなら、プレーンがおすすめです。

青のりパン

材料

A
- 強力粉　100 g
- 砂糖　5 g
- 塩　1 g（小さじ 1/4 弱）
- 青のり　10 g（小さじ 2）

B
- インスタントドライイースト　1 g（小さじ 1/4 弱）
- 水　65mℓ

バナナパン

材料

A
- 強力粉　100 g
- 塩　1 g（小さじ 1/4 弱）

B
- インスタントドライイースト　1 g（小さじ 1/4 弱）
- 水　60mℓ
- あらみじん切りにしたバナナ　20 g

キャベツパン

材料

A
- 強力粉　100 g
- 塩　1 g（小さじ 1/4 弱）

B
- インスタントドライイースト　1 g（小さじ 1/4 弱）
- 水　60mℓ
- ゆでてみじん切りにしたキャベツ（水けをよくきる）　30 g

ヨーグルトパン

材料

A
- 強力粉　100 g
- 砂糖　5 g
- 塩　1 g（小さじ 1/4 弱）

B
- インスタントドライイースト　1 g（小さじ 1/4 弱）
- 水　30mℓ
- プレーンヨーグルト　35 g

「手づかみ食べとかむことが大事

手づかみで食べることで自分にとっての最適量を覚えます

食べ物をつかみ、口に運んで食べる動きは、目と手と口が協調しなければできません。成長のあかしですね。手づかみ食べで「自分にとって最適な量」を覚えられ、最適な量だと「よくかむ」ことができます。

かむことは歯や内臓の健康のほか、脳の活性化にもつながります

よくかむとあごが発達し、歯が丈夫になります。唾液がたくさん出て消化を助けます。また、かむことが大脳を刺激し、脳の血流量を増加させることもわかっています。よくかむと、脳も元気になるんですね。

（帝京科学大学教授・栄養学博士　上田玲子先生）

手づかみ食べで適量をよくかむと、脳も元気になります！

ミニアドバイス 3

水分補給を忘れずに！

子どもはのどが渇いていることを大人にうまく伝えられない場合があります。大人が気をつけて水分補給をさせることが大切です。

水分補給のタイミングを決めて脱水を防ぎましょう

幼児は成長中のため、大人よりも新陳代謝が活発なので、血液やリンパ液がスムーズに流れるように十分な水分をとることが大切です。子どもは汗をよくかきますが、のどが渇いていることを大人にうまく伝えられなかったり、遊びに夢中で気づかなかったりすることも。のどが渇いてからではなく、定期的に水分補給をするとよいですね。

　たとえば、午前中、朝ごはんと昼ごはんの間と、午後3時のおやつのときと決めておくのもよい方法です。また、たくさん汗をかいたときや、発熱したときは、必要に応じて水や麦茶、幼児用のイオン飲料などを与えましょう。

水やお茶など、無糖の飲み物をあげましょう

子どもはジュースを欲しがることも多いのですが、砂糖の入った甘い飲み物は虫歯の原因になります。市販の野菜ジュースは、ヘルシーなイメージでも果物の糖分などが含まれているものも多いので、表示をよく確認してください。水分補給は水か麦茶など、砂糖が含まれていない飲み物をあげるのがおすすめです。牛乳はカルシウム補給になりますが、飲みすぎるとおなかがいっぱいになって食事にひびいたり、エネルギーのとりすぎになったりします。おやつ、朝食時などにコップ1杯というふうに、飲ませるタイミングと量を決めておくとよいでしょう。

5章

パパッと作れて栄養もばっちり!

忙しいときのお助けレシピ

仕事や育児、家事などで、子育て中は毎日大忙し。
そこで、作りおきやフリージング食材をストックしたり、
電子レンジを活用したレシピを知っていたりすると、
食事の仕度がグーンとラクに。忙しいときでもパッと作れて、
栄養もきちんととれるお助けレシピとテクニックを紹介します。

取り分けレシピ

大人の料理から取り分けると手軽で、バラエティ豊かな食事に！

取り分ける大人の料理を薄味にしましょう

幼児期からは少しずつ大人と同じ料理が食べられるようになってきます。やわらかめに加熱したり、小さめに切ってあげたりするだけでもずいぶん食べやすくなります。気をつけたいのは、味の濃さ。塩分が多い食事にならないよう、スープやみそ汁は薄めたり、煮物ならだしを加えてさっと煮たりするとよいでしょう。まずは、大人の料理を作るときに子どもに食べさせることを意識して、薄味に。大人の料理を子どもの味に近づけると塩分が控えられ、家族みんなの健康につながります。

ごはんにまぜたり、汁けを加えて食べやすく

大人の料理から取り分けるときは、子どもに食べやすいように少し手を加えることも必要です。食材の大きさややわらかさはもちろんですが、ごはんやめん類とまぜたり、だしやスープを加えてのどごしをよくすることで、食べやすくなります。めん類やしらたきなどつるつるとした食感のものは、子どもに人気ですが、長いと食べにくいので短めに切ってあげるとよいでしょう。また幼児食の初期は、盛んに手づかみ食べをするころでもあるので、おにぎりにするなど、手で持って食べられる形状にしても。

煮物や魚料理が取り分けやすい

時短のためには、取り分けしやすい料理を献立に1品入れておくとよいのです。魚はやわらかく、お箸でくずせるので取り分けしやすさナンバーワン。また煮物は極端に味を濃くしたり、辛くしたりしなければそのまま食べさせることもできます。大人と同じようにはかめないので、肉類は小さく切ってあげましょう。ひき肉料理はハンバーグのようにまとめるか、とろみをつけると食べやすくなります。3才くらいからは、大人と同じ料理を食べさせても大丈夫です。

煮物の取り分け例

大人の料理「筑前煮」

ごはんにまぜて!

具を小さめに切り、
ごはんにまぜておにぎりに。
手づかみ食べもしやすい！

大人の料理「かぶのそぼろ煮」

形を変えて

ひき肉をだんごにすると
子どもでもパクッと
口に入れられる！

大人の料理「おでん」

薄味にして

具を小さく切り、
だしを加えて煮込むと、
子ども向きの薄味に！

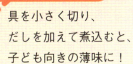

大人が「ポトフ」のとき

子どもポトフ

材料（幼児1人分）

◆取り分けるもの

ウインナー …………………… 1本
にんじん …………………… 1切れ（10g）
じゃがいも …………………… 1/4個分
キャベツ …………………… 1/4枚分

◆加えるもの

A［顆粒スープの素（洋風） 小さじ1/4
　 水 1カップ

塩、こしょう…各少々

作り方

❶大人のポトフから取り分けた材料は、食べやすく切る。

❷なべに①、Aを入れてさっと煮、塩、こしょうで味をととのえる。

Point ポトフは子どもにも向くおかずですが、小さく切ったり、スープを加えてさらにやわらかく煮たりすると、より食べやすくなります。

大人が「うな丼」のとき

うなぎのひつまぶし

材料（幼児1人分）

◆取り分けるもの

うなぎのかば焼き …………… 30g

◆用意するもの

あたたかいごはん …………… 130g
きゅうり …………………… 1/6本
塩、ごま …………………… 各少々

作り方

❶うなぎは刻む。きゅうりは小口切りにし、塩を振ってなじませ、しんなりとさせる。

❷ボウルにごはんを入れ、①、ごまを加えてまぜる。

Point こまかく刻んでごはんにまぜたほうが、子どもには食べやすい。きゅうりをまぜると食感のアクセントに。

大人が「お刺し身」のとき

まぐろの照り焼き丼

材料（幼児1人分）

◆取り分けるもの

まぐろ ………………………… 40～50ｇ

◆用意するもの

あたたかいごはん …… 130ｇ

A しょうゆ、みりん　各小さじ1/2

細ねぎ（小口切り）…… 少々

ごま油 ………………………… 少々

作り方

1. まぐろはそぎ切りにして A をからめておく。
2. フライパンにごま油を熱し、①を並べ入れて両面を焼く。
3. 器にごはんを盛り、②をのせて細ねぎを散らす。好みで刻みのりをのせる。

Point とくに小さな子どもには生のお刺し身より、加熱して食べさせると安心。そぎ切りにするとやわらかく加熱できます。

大人が「豚しゃぶ」のとき

豚しゃぶのケチャップあえ

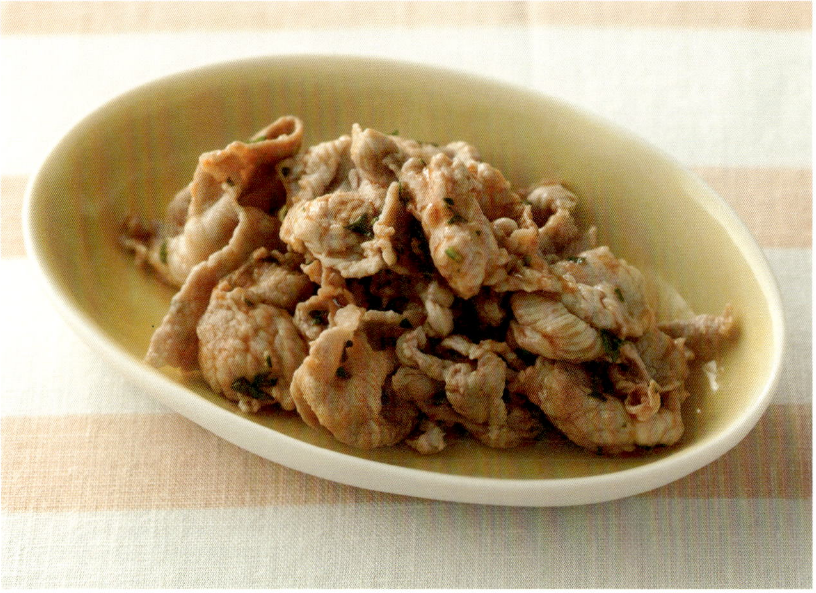

材料（幼児1人分）

◆取り分けるもの

豚しゃぶしゃぶ用肉 ……… 50ｇ

◆用意するもの

A［トマトケチャップ　小さじ1
　 オリーブ油　小さじ1/2］

パセリ（みじん切り）……… 少々

作り方

1. 豚肉はゆでて水けをきり、大きければ食べやすく切る。
2. ボウルに①を入れ、A、パセリを加えてあえる。

Point 豚肉は子どもの口に入りやすい大きさに切ってあげましょう。部位はロースでももでもお好みで OK。

大人が「炊き込みごはん」のとき

炊き込みごはんのミニにぎり

◆取り分け方と作り方

❶炊き込みごはんと白いごはんを２：１の割合でまぜる。

❷食べやすいように小さめのおにぎりを作る。

Point 炊き込みごはんの味を白いごはんが薄めてくれます。

大人が「煮魚」のとき

煮魚のおろし煮

◆取り分け方と作り方

❶ぶりなどの煮魚１/２切れの骨と皮を除いてあらくほぐす。

❷大根（かぶでも）のすりおろし大さじ１と水１/５カップを加えてひと煮する。

Point 大根おろしでとろみをつけて。味も薄まり、消化吸収もよくなります。

大人が「ハンバーグ」のとき

ハンバーグのあんかけ

◆取り分け方と作り方

❶だし１/５カップを煮立てて、しょうゆ、砂糖各少々で調味する。

❷水どきかたくり粉少々を加えてとろみをつける。

❸ひと口大に切ったハンバーグに②をかけ、刻んだ万能ねぎ少々を散らす。

Point 飲み込みやすいよう、とろみで水分を補って。

大人が「ギョーザ」のとき

ギョーザのスープ煮

◆取り分け方と作り方

❶ギョーザ1個を一口大に切る。

❷ベビーフードのスープ1/3カップに①のギョーザを入れてひと煮する。

❸青のりを振る。中身と皮がバラバラになってもスープといっしょに食べられる。

Point スープで煮ているので味が薄くなり、安心です。

大人が「肉じゃが」のとき

肉じゃがのヨーグルトかけ

◆取り分け方と作り方

❶肉じゃがを子ども茶わんに軽く1杯取り分け、食べやすいように刻む。

❷プレーンヨーグルト大さじ1～2をかける。

Point ヨーグルトで味が薄まると同時に、酸味でコクが出ます。カルシウムも強化できるうえにおいしさも増す、意外な組み合わせです。

大人が「親子どんぶり」のとき

なめらか親子どんぶり

◆取り分け方と作り方

❶親子どんぶりの具（大人の半分弱）をひと口大に切る。

❷①にだし適量を加えて煮、水どきかたくり粉少々でとろみをつけて、子ども茶わん1杯分のごはん、またはやわらかめのごはんにかける。

Point ごはんのかたさは子どものかむ力に合わせて。

電子レンジで簡単！ 子どもの一皿ごはん

電子レンジでチンするだけの料理は、時間のないときに大助かり。栄養バランスのよい子どもの一皿ごはんをぜひレパートリーに加えたいですね。

一皿ごはんは、エネルギー源のごはんやめん、パスタ、タンパク質源の肉や卵、大豆製品、ビタミン源の野菜を組み合わせて作ります。一皿でも栄養バランスよく食べられるので、小食の子どもにもおすすめ。なべを使わず、耐熱ボウルで調理できるので、あと片づけもラクちんです。電子レンジによって加熱時間に差がでるので、レシピの加熱時間を参考に、様子を見ながら加熱してください。また、併せてさっと作れる野菜の小さなおかずも紹介しています。一品足りないときにすぐに作れて便利です。

電子レンジ調理のコツ

●マカロニは水を加えて加熱

深めの耐熱ボウルにマカロニと水を入れ、ラップをして加熱するだけでOK！　加熱後少し蒸らしてからラップをはずし、調味料を加えます。

●まぜごはんは先に具を加熱

ひき肉などの生の具は、調味料と合わせて先に加熱しておくと安心。完全に火が通ってから、あたたかいごはんを加えてまぜます。

ふわふわの食感でごはんが進む

とうふ卵丼

材料（幼児1人分）

- 絹ごしどうふ……50g
- しいたけ……1/2枚
- ねぎ……5cm
- 卵……1個（割りほぐす）
- 顆粒だしの素……ひとつまみ
- 薄口しょうゆ……小さじ1/2
- あたたかいごはん……130g

作り方

1. とうふは小さめの角切りにする。しいたけは石づきをとり薄く切る。ねぎは小口切りにする。
2. ボウルに卵を割りほぐし、顆粒だしの素、薄口しょうゆを加えてまぜる。
3. 耐熱ボウルに①を入れ、②を回し入れる。ラップをして電子レンジで1分加熱し、全体をまぜて、さらに30秒加熱する。とり出してまぜ、器に盛ったごはんにのせる。

子どもの大好きなケチャップ味で。

マカロニパスタ

材料（幼児1人分）

マカロニ（9分ゆでのもの）	50g
さやいんげん	2本
ハム	1枚
トマトケチャップ	大さじ1
塩、こしょう	各少々

作り方

1. いんげんは斜めに切る。ハムは細く切る。
2. 深めの耐熱ボウルにマカロニ、いんげん、水1/3カップを入れ、ラップをして電子レンジで5分加熱する。
3. 3〜5分ほど蒸らしてハム、ケチャップを加えてまぜ、塩、こしょうで味をととのえる。

チンするだけででき上がり！

桜えびと大豆のごはん

材料（幼児1人分）

ごはん	子ども茶わん1杯分
大豆（水煮缶）	大さじ2
桜えび	大さじ1弱
青のり	少々

作り方

1. 耐熱容器に大豆と桜えびを入れ水小さじ2を振ってラップをし、電子レンジで40秒ほど加熱する。
2. ①を汁ごとあたたかいごはんとまぜ合わせ、青のりを振る。

ごはんに卵をからめてチン！

卵チャーハン

材料（幼児1人分）

あたたかいごはん …… 130ｇ
卵 …… 1個
しょうゆ …… 小さじ1/2
塩、こしょう …… 各少々
油 …… 小さじ1
青のり …… 少々

作り方

1. 耐熱のボウルに青のり以外のすべての材料を入れてまぜる。ラップをして電子レンジで1分40秒加熱し、とり出して全体をよくまぜる。
2. 器に盛り、青のりを振る。

にんじん、鶏そぼろで栄養満点！

まぜごはん

材料（幼児1人分）

あたたかいごはん …… 130g
鶏ひき肉 …… 30g
にんじん …… 20g（すりおろす）
しょうゆ、酒 …… 各小さじ1/2
細ねぎ（小口切り） …… 少々

作り方

1. にんじんはすりおろす。
2. 耐熱ボウルに鶏ひき肉、①、しょうゆ、酒を入れてまぜ、ラップをして1分加熱する。
3. とり出してまぜ、ひき肉に完全に火が通っていたら、ごはん、細ねぎを加えてさっくりとまぜる。

＊ひき肉に火が通っていない場合は、再びラップをかけ、様子を見ながら30秒ずつ電子レンジで加熱してください。

おかずもおまかせ!

ごぼうとにんじんを同時加熱で時短

きんぴらサラダ

材料（幼児1人分）

- ごぼう（正味）……40g
- にんじん（正味）……15g
- すり白ごま……小さじ2
- マヨネーズ……大さじ1.5
- しょうゆ……少々

作り方

1. ごぼうとにんじんはピーラーで薄くそぎ、水に放してアクを抜く。水少々を振ってラップをかけ、電子レンジで1分ほど加熱してやわらかくする。
2. ごまとマヨネーズ、しょうゆを合わせて①をあえる。

加熱に要する時間はわずか1分強

ささ身のオレンジ風味

材料（幼児1人分）

- 鶏ささ身……1本
- オレンジ……1/4個
- 塩……少々

作り方

1. ささ身は筋をとり、3つに斜め切りにし、塩を振る。
2. オレンジは包丁で切り込みを入れ、薄い袋から果肉をとり出す。
3. ささ身とオレンジを交互に重なるように並べ、オレンジの皮についた汁をしぼってかけ、ラップをして電子レンジで1分～1分30秒ほど加熱する。

さっとできる主菜クラスの一品

えびとブロッコリーのいため物

材料（幼児1人分）

- ブロッコリー……3房
- えび……3尾
- スープ……大さじ1
- 油、塩……各少々

作り方

1. ブロッコリーは小さく切る。
2. えびは殻と背わたをとって1cm角に切る。
3. 耐熱容器にえび、ブロッコリー、スープ、油、塩を入れてラップをし、電子レンジで1分加熱する。
4. とり出してまぜ合わせ、同様にあと40秒加熱する。

スピード朝ごはん

忙しい朝でも、きちんと朝ごはんを食べる習慣をつけることが子どもの元気のためには欠かせません。栄養バランスがよく、パパッと作れる、朝食向きのメニューを紹介します。

朝ごはんでは、脳のエネルギー源になる糖質が補えるごはん、パン、シリアルといった穀類をきちんと食べることが大切。これにタンパク質源となる卵やハムなどを添えると、体がしっかりとあたたまり午前中から元気に活動できるようになります。また睡眠中に体の水分が失われているので、朝食では必ず水分を添えることも心がけましょう。野菜たっぷりのみそ汁やスープはのどごしがよく、野菜と水分を同時にとれるのでおすすめです。

朝ごはんのポイント

- 主食をきちんと食べさせる
- タンパク質源のおかずを添える
- 水分補給を忘れずに!

そうめんなら下ゆでなしでOK

みそにゅうめん

材料（幼児1人分）

そうめん	30g
ちくわ	小1/2本
小松菜	1株
にんじん	少々
だし	1カップ
みそ	小さじ1

作り方

1. ちくわは輪切りにする。小松菜は2㎝長さに切る。にんじんは薄い半月形に切る。
2. なべにだしとにんじんを入れ、にんじんに火が通るまで煮、ちくわと小松菜を加えてひと煮する。そうめんを加えて透き通るまで煮て、みそをとき入れる。

＊そうめんから塩分が出るので、必ずみそを入れる前に味をみながら、かげんして入れる。

1本まるごとかじらせるのも手

のりチーズロール＆トマトオレンジジュース

材料（幼児1人分）

サンドイッチ用食パン（耳なし）……1枚
焼きのり……1/4枚
スライスチーズ……1枚
トマトジュース（食塩無添加）、オレンジジュース……各1/4カップ
はちみつ……小さじ1

作り方

1. ラップを広げてパン、チーズ、のりを重ね、のり巻きのようにくるくると巻き、なじんだらひと口大に切る。
2. トマトジュースとオレンジジュース、はちみつをまぜてコップに注ぐ。

しらすをプラスして栄養たっぷりメニューに

納豆ごはん＆即席とろろ汁

材料（幼児1人分）

ごはん……100g
納豆……小1パック（30g）
しらす干し……小さじ1/2
とろろ昆布……2g
万能ねぎ……少々
和風だしの素……ひとつまみ

作り方

1. 納豆はよくまぜて添付のたれを加え、ごはんにのせてしらす干しを添える。
2. おわんにとろろ昆布、万能ねぎの小口切り、和風だしの素を入れて湯1カップを注ぐ。

タンパク質源の麩を使って

麩と玉ねぎの卵とじどんぶり

材料（幼児1人分）

ごはん……100g
小町麩……3個
玉ねぎ……1/8個
卵……1個
だし……1/2カップ
しょうゆ、みりん……各小さじ1
青のり……少々

作り方

1. 麩は水につけてもどし、水けをしぼる。玉ねぎは薄切りにする。卵は割りほぐす。
2. なべにだしと調味料を合わせて煮立て、麩と玉ねぎを加えて煮る。玉ねぎが透き通ったらとき卵を回し入れ、半熟状になったら火を止め、器に盛ったごはんにかけ、青のりを振る。

火を使わずにお手軽に

クラッカーのチーズのせ

材料（幼児1人分）

ソーダクラッカー ……… 4枚
スライスチーズ ………… 1枚
ロースハム …………………… 1枚

作り方

チーズとハムを重ねて4つに切り、クラッカーにのせる。オレンジジュース100mℓを添える。

新鮮なフルーツと乳製品で

フルーツヨーグルトシリアル

材料（幼児1人分）

シリアル …………… 20g
レーズン …………… 3g
いちご ………………… 2個
飲むヨーグルト … 1/2カップ

作り方

シリアルにレーズンと食べやすく切ったいちごをのせて、ヨーグルトをかける。

栄養満点の組み合わせ

ツナとコーンのサラダ

材料（幼児1人分）

ツナ ……………………… 小1/4缶（20g）
ミニトマト ………… 2個
ホールコーン（缶詰め）………………… 15g
マヨネーズ ………… 小さじ1

作り方

ツナとコーンは缶汁をきる。ミニトマトは四つ割りにする。マヨネーズであえる。
＊パンと牛乳を添える。

寒い日の朝はこれに決まり

ハムとミックスベジタブルのミルクぞうすい

材料（幼児1人分）

ごはん……50g
ロースハム……1枚
ミックスベジタブル……30g
バター……小さじ1
牛乳……1/2カップ
顆粒スープの素……小さじ1/4
塩、こしょう……各少々

作り方

1. ハムは5mm角に切る。ごはんは軽く洗って水けをきる。
2. なべにバターをとかしてハムとミックスベジタブルをいため、水1/2カップとスープの素を入れ、煮立ったらごはんを加える。
3. ごはんがふっくらして煮汁が少なくなったら牛乳を加え、再び煮立つ前に塩とこしょうで調味する。

フライパンとトースターの同時進行で

ロールパンのホットドッグ

材料（幼児1人分）

ロールパン……1個
ウインナー……1本
キャベツ……15g
赤ピーマン……少々
油……小さじ1/2
塩、こしょう……各少々
バター……少々

作り方

1. ウインナーは斜めにこまかく切り目を入れる。キャベツと赤ピーマンはせん切りにする。
2. フライパンに油を熱してキャベツとピーマンをいため、塩とこしょうを振る。フライパンのあいているところでウインナーを転がしながらいためる。
3. ロールパンは中央に深く切り目を入れ、オーブントースターで軽く焼く。熱いうちに切り目にバターを塗って野菜いためをはさみ、ウインナーをのせる。

＊牛乳を添える。

子どものための作りおきおかず

調理に手間のかかる魚おかずや必ず食べさせたい野菜のおかずが冷蔵庫にあると、忙しいときでも安心。時間のあるときにストックしておくと、手軽に栄養バランスのよい献立を作ることができます。

まぜたり、のせたりするだけで、すぐに食べられるので便利！

鮭そぼろ（P153）をあたたかいごはんにまぜておにぎりに！

にんじんそぼろ（P154）をとうふにトッピング！

あたためればそのまま食べられるものをストックしておくと、時間がないときでもパパッと子どもに食べさせることができます。ごはんにのせたり、まぜたりできるそぼろ類や、切るのに手間がかかる野菜おかずを常備しておくと便利です。ただし、子どもは食べる量が少ないので、作りおきは肉か魚を使ったものと、野菜の２種類程度あれば十分。また食べるまでに日をおくので、衛生面には特に気をつけて。十分に加熱し、でき上がったらよく冷まして、清潔な密閉容器に入れて冷蔵しましょう。食べるときは、中心まであたたまるよう、しっかり再加熱してください。

電子レンジを使うので簡単！

鮭そぼろ

材料（作りやすい分量）
※子ども1食分は1/6～1/4量

- 生鮭……2切れ
- 塩……小さじ1/2
- 酒……大さじ2
- A しょうゆ、みりん　各小さじ1
- いり白ごま……小さじ2

作り方

1. 耐熱皿に鮭をのせ、塩、酒を加えてなじませる。ラップをして電子レンジで3～4分加熱し、あら熱がとれるまでそのままおく。
2. 皮と骨をとり除いて身をほぐし、蒸し汁は残しておく。
3. フライパンに②、Aを入れいためる。汁けがほとんどなくなったら、ごまを加えてまぜる。

＊保存の目安　冷蔵で3～4日。

Point 鮭そぼろは、手作りすれば安心。子どもも大好きなので、おにぎりの具にしたり、そのままごはんにのせたりと重宝します。骨をていねいにとり除いてこまかくほぐしておくと、より食べやすいでしょう。

おかずにもおやつにもなる便利な一品

かぼちゃのグラッセ

材料（作りやすい分量）
※子ども1食分は1/4量

- かぼちゃ……120g
- バター……小さじ2
- 砂糖……小さじ2

作り方

1. かぼちゃは皮をところどころむいて、小さめの角切りにする。
2. なべに①とバター、砂糖、水3/4カップを入れて火にかける。煮立ったら紙ぶたをし、弱火で10分ほど煮る。

＊保存の目安　冷蔵で3～4日。

Point カロテン、ビタミンCが豊富なかぼちゃは、甘めの味で子どもにも食べやすい野菜です。常備しておくと、野菜が足りないときにサッと出せます。ヨーグルトをかけておやつにも。

ごはんによく合うみそ味です

にんじんそぼろ

材料（作りやすい分量）　※子ども１食分は1/6～1/8量

にんじん……１本
鶏ひき肉……150g
A［みそ　大さじ１と1/2
　 みりん、酒　各大さじ１
油……大さじ1/2

作り方

❶にんじんはすりおろす。
❷フライパンに油を熱し、①を汁けがなくなるまでいためる。鶏ひき肉を加えていためる。
❸ひき肉が白っぽくポロポロになったらAを加え、汁けがなくなるまでいり煮にする。
＊保存の目安　冷蔵で３～４日。冷凍で３週間。

Point にんじんでカロテンが、ひき肉でタンパク質がとれるので、小食の子どもでも効率よく栄養がとれます。しっかり味なので、ごはんやめんと合わせて食べるほか、とうふにトッピングしてもおいしい。

魚が苦手な子でも食べやすい

鮭のやわらか煮

材料（作りやすい分量）
※子ども１食分は1/4～1/3量

鮭……100g
だし……１カップ
しょうゆ……小さじ１
砂糖……小さじ1/2

作り方

❶鮭は皮と骨をとり除き、ひと口大に切る。
❷なべにだし、しょうゆ、砂糖を合わせて煮立て、鮭を加える。やわらかくなるまで中火で３分ほど煮る。
＊保存の目安　冷蔵で３～４日。

Point 皮と骨をとり除くと食べやすく、生ぐさみも感じにくくなります。電子レンジであたため、そのままおかずにできるので便利！

具だくさんの野菜スープが手軽に！

野菜スープ

材料（作りやすい分量） ※子ども1食分1/6量

にんじん、玉ねぎ、キャベツなどの野菜 ……200g
オリーブ油 ………………… 大さじ1/2

作り方

❶野菜はすべて色紙切りにする。
❷なべにオリーブ油を熱し、野菜を加えてしんなりするまでいためて、ふたをして弱火にし5分ぐらい蒸し煮にする。

＊保存の目安　冷蔵で3〜4日。

Point 水とスープの素を加えて煮るだけで、手軽に野菜スープが作れます。ソーセージやミートボールなどを入れてボリュームアップすれば夕ごはんにも。野菜は冷蔵庫に残っているものを活用してもOK。

野菜ときのこがたっぷり！

きのこ入りミートソース

材料（作りやすい分量） ※子ども1食分は1/6量

合いびき肉 …………… 200g
玉ねぎ ……………………… 1/4個
にんじん ………………… 1/4本
にんにく ………………… 1かけ
しいたけ ………………… 3枚
トマト缶詰 …………… 1缶（400g）
塩、こしょう ……… 各少々
顆粒スープの素（洋風）…… 小さじ1
オリーブ油 …………… 大さじ1

Point きのこやにんじんをこまかく切ってミートソースにまぜるので、子どももパクパク食べられます。やわらかめにゆでたパスタやマカロニとあえたりするほか、サンドイッチの具にするのもおすすめ。

作り方

❶玉ねぎ、にんじん、にんにく、石づきをとったしいたけはみじん切りにする。トマトはつぶす。
❷フライパンにオリーブ油とにんにくを熱し、玉ねぎ、にんじん、しいたけをいためる。しんなりとしたら合いびき肉を加えていためる。
❸肉の色が変わったらトマト、水3/4カップ、スープの素を加え、水分が少なくなるまで弱火で10分ほど煮込む。塩、こしょうで味をととのえる。

＊保存の目安　冷蔵で3〜4日。冷凍で3週間。

さっと使えるフリージング食材

栄養価が高く、冷凍に向く食材の保存方法と、アレンジレシピを紹介します。

子どもの1食分ずつ小分け冷凍すると便利です

幼児食のフリージングでは、子どもに食べやすい大きさに切ったり、加熱したりして保存するのが使いやすさの決め手。さっとゆでたり、蒸したりして冷凍しておくと、和風から洋風までいろいろな料理に使うことができます。子どもに食べやすいように小さめに切ってから冷凍すると、解凍するのもラクに。

野菜はブロッコリーやかぼちゃ、にんじんなどがビタミン豊富で、冷凍にも向きます。肉や魚は、脂肪が少ない鶏むね肉やささ身、しらす干しなどを。子ども1食分ずつに小分けにして冷凍しておくと、使いやすいでしょう。

フリージングのコツ

1 日付と中身を書いて

食べきる目安を知るために、冷凍用袋や容器には、冷凍した日付を書いておきます。中身も書いておくとさらに安心です。

2 小分けにして冷凍

子どもの1食分ずつに分けてラップに包み冷凍用袋に入れておくと、使う分だけとり出せて便利。野菜類は平らにして冷凍すると、使う分だけ折ってとり出せます。

3 食べきれる分だけ冷凍

冷凍しても食材は少しずつ劣化していきます。なるべく早めに食べきるためにも、作りすぎは禁物。4～5回で食べきれる量を目安に冷凍しましょう。

かぼちゃ

**甘みがあり、ビタミンが豊富です。
野菜が苦手な子にも、食べやすい。**

フリージング方法

かぼちゃ適量は、いちょう切りにし、電子レンジでかために加熱して冷まします。
冷凍用の袋に平らに並べ、空気を抜いて冷凍保存。
＊保存の目安　冷凍で３週間。

冷凍かぼちゃのおすすめアレンジ

レーズンの甘みがアクセント

フレンチサラダ

材料（幼児１人分）

冷凍かぼちゃ……………50g
レーズン……………………10g
フレンチドレッシング（市販）
……………………………大さじ1/2

作り方

1. 冷凍かぼちゃは電子レンジに30〜40秒かけて解凍する。
2. レーズンはぬるま湯につけてもどし、水けをふいて半分に切る。
3. ボウルに①を入れてあらくつぶす。②、ドレッシングを加えてあえる。

かぼちゃは凍ったまま加熱してOK

簡単ポタージュ

材料（幼児１人分）

冷凍かぼちゃ……………50g
牛乳……………………………1/4カップ
顆粒スープの素…………少々
塩………………………………少々

作り方

1. 小さめのなべに水1/2カップを入れて煮立てる。凍ったままのかぼちゃを加えて煮、やわらかくなったらお玉でつぶす。
2. 牛乳、スープの素を加え、煮立つ直前に火を止める。塩で味をととのえる。

ブロッコリー

ビタミン豊富な緑黄色野菜。
味や香りにクセがなく食べやすい。

フリージング方法

ブロッコリー適量は小房をさらに小さめに分け、塩を加えた沸騰湯で２分30秒くらいゆでてざるに上げ、冷ます。水けをふいて冷凍用袋に入れ、空気を抜いて冷凍保存。

＊保存の目安　冷凍で３週間。

冷凍ブロッコリーのおすすめアレンジ

ブロッコリーは小さめに切って

ふんわり卵とじ

材料（幼児２人分）

冷凍ブロッコリー……60g
卵……………………１個
しょうゆ……………小さじ1/2

作り方

❶耐熱ボウルに冷凍ブロッコリーを入れ、電子レンジに30秒〜１分かけて加熱解凍する。小さめに切ってボウルに戻す。

❷卵は割りほぐし、しょうゆを加えてまぜる。これを①に加え、ラップをして電子レンジで30秒加熱。取り出して全体をまぜ、再びラップをしてさらに30秒加熱する。

おべんとうのおかずにも

おかかあえ

材料（幼児２人分）

冷凍ブロッコリー……60g
削り節………………小1/2袋
しょうゆ……………小さじ2/3

作り方

❶冷凍ブロッコリーは電子レンジで30秒〜１分かけて解凍する。小房をさらに食べやすく切る。

❷ボウルに①を入れ、しょうゆ、削り節の順に加えてあえる。

鶏むね肉

**脂肪が少なくやわらかい、
良質なタンパク質源です。**

フリージング方法

鶏むね肉1枚（200～250g）は、厚い部分に切り目を入れて開き、厚みを均等にする。耐熱皿にのせ、酒大さじ2を振ってラップをし、電子レンジで3～4分加熱し、そのまま蒸らす。冷めたら手で裂いてこまかくほぐす。4等分してラップで包み、冷凍用袋に入れて冷凍する。
＊保存の目安　冷凍で3週間。

冷凍鶏むね肉のおすすめアレンジ

パンにはさんで食べてもおいしい

チキンマヨサラダ

材料（幼児2人分）

冷凍鶏むね肉……40g
きゅうり……30g
塩……少々
マヨネーズ……小さじ1

作り方

1. きゅうりはせん切りにし、塩を振ってなじませる。しんなりとしたら水けをしぼる。
2. 冷凍鶏むね肉は、電子レンジに30秒～1分かけて解凍する。
3. ボウルに①、②を入れ、マヨネーズを加えてあえる。

ポン酢しょうゆでさっぱりと

蒸し鶏のおろしあえ

材料（幼児2人分）

冷凍鶏むね肉……40g
大根おろし……大さじ2
ポン酢しょうゆ……小さじ1

作り方

1. 冷凍鶏むね肉は、電子レンジに30秒～1分かけて解凍する。
2. ボウルに①を入れ、大根おろしとポン酢を加えてあえる。

しらす

タンパク質とカルシウムがとれ、うまみがあります。

フリージング方法

しらす 160 g は熱湯を回しかけ、ざるに上げ、水けをよくきる。4 等分してラップで包み、冷凍用袋に入れて冷凍する。

＊保存の目安　冷凍で 3 週間。

冷凍しらすのおすすめアレンジ

そうめんはやわらかく、子どもに食べやすい

しらすのそうめんいため

材料（幼児 2 人分）

- 冷凍しらす ……… 20 g
- そうめん ……… 50 g
- 細ねぎ（小口切り）… 少々
- しょうゆ ……… 小さじ 1/2
- ごま油 ……… 小さじ 1

作り方

1. 冷凍しらすは室温において自然解凍する。
2. そうめんは半分に折り、表示どおりにゆでて流水で洗い、ざるに上げる。
3. フライパンにごま油を熱し、そうめんをいためる。全体に油がまわったらしょうゆを加えてまぜる。なじんだら①、細ねぎを加えさっといためる。

しらすのうまみで青菜をおいしく

青菜のしらすあえ

材料（幼児 2 人分）

- 冷凍しらす ……… 20 g
- ほうれんそう ……… 60 g
- しょうゆ ……… 小さじ 1/2

作り方

1. 冷凍しらすは室温において自然解凍する。
2. ほうれんそうは、ゆでてこまかく刻む。しょうゆを振ってなじませ、水けをしぼる。
3. ボウルに①、②を入れてあえる。

6章

食べやすく、体にやさしい！

食欲のないとき、ぐあいの悪いときのレシピ

体調をくずしかけているときや、病後で食欲がないときには、
症状に合わせて食べやすいものを作ってあげたいですね。
発熱、下痢など、子どもがかかりやすい
症状別に体にやさしいレシピを紹介します。

＊体調が悪いときの食事や飲み物は、医師の指示に従ってください。

食欲がないときに

熱やのどの痛みで食欲がないとき、無理に食べさせる必要はないのですが、
脱水症の予防に水分補給は忘れずに。
胃腸の働きも落ちるので、消化のよい流動食を。

整腸剤にも、食欲のないときの栄養補給にも

蒸しバナナヨーグルト

材料（幼児1人分）

バナナ……………………1/2本
プレーンヨーグルト……80㎖

作り方

❶バナナは薄切りにして耐熱ボウルに入れてラップをかけ、電子レンジ強で約1分加熱してからつぶす。
❷ヨーグルトを器に盛って①をのせ、まぜて食べる。
＊バナナは加熱するので、完熟でなくてもOK。

下痢や便秘の整腸剤におすすめ

すりおろしりんごのとろとろ

材料（幼児1人分）

りんご……………1/4個
かたくり粉………大さじ1/2
砂糖………………小さじ1

作り方

りんごはすりおろし、水1/2カップとほかの材料とともになべに入れて火にかけ、底からまぜながらとろりとするまで煮る。

最もおなかにやさしい主菜メニュー

裏ごしどうふのかき玉汁

材料（幼児1人分）

- 木綿どうふ……40g
- だし……150mℓ
- しょうゆ……小さじ 1/4
- A［かたくり粉　小さじ 1/2
- 　 水　小さじ 1
- とき卵……1/2 個分
- 塩……少々

作り方

1. とうふはざるを通して裏ごしする。
2. だしをあたためてしょうゆを加え、①を加える。煮立ったら A の水どきかたくり粉を回し入れてとろみがつくまで煮る。
3. 卵を菜箸を伝わらせながら細くゆっくりと回し入れ、塩で味をととのえる。

ごはんでとろみをつけて飲み込みやすく

にんじんスープ

材料（幼児 1 人分）

- にんじん……50g
- ごはん……大さじ 1
- 顆粒スープの素……小さじ 1/2
- 牛乳……50mℓ
- 塩、こしょう……各少々

作り方

1. 薄切りのにんじん、ごはん、スープの素、水 2 カップをなべに入れて火にかけ、にんじんがやわらかくなるまで中火で煮る。
2. あら熱がとれたら、ミキサーに入れてかくはんする。
3. なべに戻して牛乳を加えてあたため、塩とこしょうで調味する。

発熱時の水分と栄養補給に

ピーチシェイク

材料（幼児 1 人分）

- 黄桃（缶詰）……1 切れ（70g）
- バニラアイスクリーム……60g
- 牛乳……50mℓ

作り方

材料をすべてミキサーに入れてかくはんする。

＊かくはんすることで冷たさが緩和するが、冷たいものがしみる口内炎などの場合は、スプーンで 1 口ずつ入れ、口の中でゆっくりと飲み込めるようにするとよい。

病後の回復期に①

食べられるようになったら、
食欲やおなかの調子を見ながら、
良質のタンパク質やビタミン類が補えるレシピで元気を回復！

やさしい歯ざわりが食欲をよみがえらせる

はんぺんとかぶのやわらかスープ

材料（幼児1人分）

はんぺん……25g
かぶ……1/2個
顆粒スープの素……小さじ1/4

作り方

1. はんぺんは5mm角に切る。かぶは皮を厚めにむいて同様に切る。
2. なべに水150mℓとスープの素を入れてあたため、かぶを入れてやわらかくなるまで煮、はんぺんを加えて1～2分煮る。

牛乳で下痢をしてしまう子も安心

豆乳そうめん

材料（幼児1人分）

そうめん……1/2束（25g）
豆乳（無調整）……50mℓ
だし……1/2カップ
しょうゆ……小さじ1/2
塩、青のり……各少々

作り方

1. そうめんはたっぷりの熱湯でゆで、水にとってぬめりを洗い流し、水けをきる。
2. なべにだしと豆乳を入れてあたため、しょうゆと塩で調味し、そうめんを加えてひと煮する。
3. 器に盛って青のりを散らす。

食べやすい白身魚にとろみをつけて

白身魚のおろしあんかけ

材料（幼児1人分）

- 白身魚の刺し身（鯛、ひらめなど） …… 50g
- A
  - だし 50mℓ
  - しょうゆ 小さじ1/4
- 大根おろし …… 25g
- B
  - かたくり粉 小さじ1/2
  - 水 小さじ1

作り方

1. なべにAを入れて火にかけ、煮立ったら白身魚を加える。魚の表面が白くなって火が通ったら、Bの水どきかたくり粉を流してとろみがつくまで煮る。
2. 大根おろしは水けを軽くきり、①に加えて火を止め、あたためる。

魅も加えてのどごしなめらかに

五目けんちんぞうすい

材料（幼児1人分）

- ごはん …… 50g
- 絹ごしどうふ …… 50g
- 切り麩 …… 大2個
- 大根 …… 15g
- にんじん …… 10g
- だし …… 150mℓ
- みそ …… 大さじ1/4
- 万能ねぎ …… 1/2本

作り方

1. ごはんは水でさっと洗う。
2. とうふは1cm角に切る。麩は水でもどし、水けをしぼる。
3. 大根とにんじんは薄いいちょう形に切る。
4. なべにだしと③を入れて火にかけ、煮立ったらごはんを加える。野菜がやわらかくなったら、②を加えてひと煮する。みそをとき入れ、万能ねぎを小口切りにして散らし、火を止める。

病後の回復期に

消化を助ける大根おろしで

まぐろのおろし納豆あえ

材料（幼児1人分）

- まぐろの刺し身（赤身）‥ 30g
- しょうゆ …… 小さじ1/2
- ひき割り納豆 …… 1/2パック（25g）
- 大根おろし …… 大さじ1

作り方

1. まぐろはこまかく刻み、しょうゆであえる。
2. 納豆は添付のたれを加えてよくまぜる。
3. ①と②、水けをきった大根おろしをまぜ合わせる。

弱った粘膜の回復を促すビタミンＡが豊富

ブロッコリー入り卵リゾット

材料（幼児1人分）

ごはん……………………50g
ブロッコリー……………2房
顆粒スープの素…………小さじ1/2
卵…………………………1個
粉チーズ…………………小さじ1/2

作り方

1. ごはんはざるに入れて水で軽く洗い、水けをきる。
2. ブロッコリーは熱湯でやわらかめにゆでて水けをきり、小さく切る。
3. なべに水150㎖とスープの素を入れて煮立て、ごはんを加える。ふっくらとして煮汁が少なくなってきたらブロッコリーを加えてさっとまぜ、中央に卵を割り入れ、ふたをして弱火にし、白身が固まるまで煮る。
4. 器に盛り、粉チーズを振る。

やさしい甘さとみその香りで食欲アップ

かぼちゃほうとう

材料（幼児1人分）

ゆできしめん……………1/2玉
豚もも薄切り肉（赤身）‥40g
かぼちゃ…………………20g
白菜………………………1/4枚
ねぎ………………………1/8本
だし………………………1.5カップ
みそ………………………大さじ1/2

作り方

1. きしめんはざるに入れて熱湯をかけてほぐし、水けをきる。
2. 豚肉は1㎝幅に、かぼちゃは5㎜厚さに、白菜は1㎝幅に切る。ねぎは小口切りにする。
3. だし、かぼちゃ、ねぎを煮立てて豚肉を加え、肉の表面が白くなったら白菜を加える。
4. 白菜に火が通ったらきしめんを加え、みそをとき入れて1～2分煮る。

さっぱり味で、ビタミンの宝庫をたっぷりと

もちとチンゲンサイのぞう煮

材料（幼児1人分）

切りもち	1切れ
チンゲンサイ	1/8株
鶏がらスープの素	小さじ1/2
塩、こしょう	各少々
焼きのり	適量

作り方

1. もちは四角に4等分に切る。チンゲンサイは1～2cm長さに切る。
2. なべに水1.5カップ弱とスープの素を入れて火にかけ、煮立ったらチンゲンサイともちを加える。もちに火が通ったら、塩とこしょうで味をととのえる。
3. 器に盛り、のりを小さくちぎって散らす。

＊もちは乾燥したまま煮ると煮汁にとろみが出て、のどにやさしい。焼いてから最後に加えると、さらりと仕上がり、焼いた香ばしさが食欲をそそる。

コーンのやさしい甘さがうれしい

鶏肉のクリームコーン煮

材料（幼児1人分）

鶏むね肉	40g
塩、こしょう、小麦粉	各少々
バター	小さじ1
にんじん	1cm
玉ねぎ	1/8個
クリームコーン（缶詰め）	1/4カップ
顆粒スープの素	小さじ1/4
パセリのみじん切り	少々

作り方

1. 鶏肉は薄いそぎ切りにし、塩、こしょうして小麦粉をまぶす。
2. にんじんはせん切りにし、玉ねぎは薄切りにする。
3. なべにバターをとかし、鶏肉を入れてきつね色に焼く。
4. 水1/2カップとスープの素を入れ、にんじんと玉ねぎを加えて煮る。にんじんがやわらかくなったらコーンを加えて2～3分弱火で煮、パセリを加えてまぜる。

鮭と相性のいい牛乳と野菜もふんだんに

サーモンチャウダー

材料（幼児1人分）

生鮭	1/3切れ
白菜	1/2枚
じゃがいも（1cmの角切りにして）	10個
玉ねぎ	1/8個
牛乳	1/3カップ
スープ	2/3カップ
塩	少々

作り方

1. 鮭は焼いて皮と骨をとり、ほぐす。白菜はゆでてせん切りにする。
2. 玉ねぎは角切りにし、じゃがいもといっしょにスープで煮る。
3. ②に鮭と白菜、牛乳を加えてひと煮し、塩で味をととのえる。

便秘のときに

便をやわらかくして、
量をふやす食物繊維を多く含む食材を食卓にのせましょう。
繊維だけでなく、それをふくらませる水分も同時に十分とりましょう。

おなかが張っているときも食べやすい

コーンとえのきのみそ汁

材料（幼児1人分）

ホールコーン……大さじ1
えのきだけ……20g
だし……150mℓ
みそ……小さじ1

作り方

1. えのきだけは根元を落として2cm長さに切る。
2. なべにだしを煮立て、コーンとえのきを加えて、なじんだらみそをとき入れる。

ビタミン、ミネラルたっぷり

ブランフレークとフルーツのヨーグルトあえ

材料（幼児1人分）

小麦ふすま入りシリアル……20g
プルーン……1個
キーウィ……1/4個
プレーンヨーグルト……1/4カップ

作り方

1. プルーンは小さく切る。
2. キーウィは3mm厚さのいちょう形に切る。
3. 器にシリアルを入れ、プルーンとキーウィをのせてヨーグルトをかける。

＊シリアルは全粒粉でもよい。

大豆オリゴ糖の整腸作用が期待できる

大豆入り肉だんごのトマト煮

材料（幼児1人分）

豚ひき肉 ………………………… 40g
大豆の水煮 …………………… 40g
塩、こしょう ……………… 各適量
しめじ …………………………… 1/4 パック
さやいんげん ………………… 1 本
顆粒スープの素 ………… 小さじ 1/4
トマトの水煮（缶詰め）
…………………………………… 1/4 カップ

作り方

1. 大豆は包丁でざっと刻む。
2. ひき肉に①と塩、こしょう各少々を加えてよくまぜ、5等分にしてだんごに丸める。
3. しめじは石づきを除いてほぐす。さやいんげんは熱湯でゆでて2cm長さに切る。
4. なべに水 80mℓとスープの素を入れて煮立て、②を入れて煮る。だんごに火が通ったらしめじと刻んだトマトを加えて煮る。
5. 味がなじんだら塩とこしょうで味をととのえ、さやいんげんを加えてひと煮する。

食物繊維の豊富なごぼうを食べやすく

ごぼうとツナのごまマヨサラダ

材料（幼児1人分）

ごぼう ……………………… 20g
ツナ（オイル漬け・缶詰め）
…………………………………… 10g
マヨネーズ ………………… 小さじ 1
すり白ごま ………………… 小さじ 1/2
パセリのみじん切り …… 少々

作り方

ごぼうはささがきにして熱湯でゆで、水けをきる。ツナは缶汁をきってほぐす。ボウルに材料をすべて入れてまぜ合わせる。

食べにくいひじきも、はさめばこぼれにくい！

ひじきロールパン

材料（大人1人+幼児1人分）

バターロール ……………… 2～3個
ひじきの煮物（47 ページ参照）
……………… 適量
かたゆで卵 ………………… 1個

作り方

1. ゆで卵は殻をむき、薄くスライスする。
2. バターロール1個は3～4等分に切り、それぞれの中央に切り込みを入れる。①1切れとひじきをそれぞれ中にはさむ。大人はバターロールの中央に縦に切り込みを入れ、ゆで卵とひじき各適量をはさむ。

便秘のときに

ミニアドバイス
4

簡単&かわいいアレンジで子どもの食欲アップ！

イベントの料理やおべんとうは、ちょっとかわいくしてあげると、
子どもの気持ちもアップ！　喜んでパクパク食べてくれます。
型で抜いたり、ケチャップで模様をかいたり……
時間をかけずにラクにできるアイデアを紹介します。

好みの型で抜くだけでOK

はさみや市販ののり用パンチでお顔のパーツやモチーフに型抜きしたのりをごはんにのせるだけでも、見た目がぐっと変わります。薄焼き卵や野菜だって、そのまま詰めるよりも型抜きするだけでぐんと華やかに変身。

スナップえんどうと卵焼きでヨットに！

特徴のある食材でお顔づくり

目や口、鼻や耳など、顔のパーツをつくりやすい食材をいくつか覚えておくと、並べるだけでかわいいお顔が完成します。たとえば豆類やうずらの卵は目や耳に、細切りにしたパプリカやピーマンは口に見立てやすい食材。

目や口をかたどりやすい食材はいろいろ。

うずらの卵はお顔づくりに大活躍。

ラインをかくのはケチャップにおまかせ！

マヨネーズやケチャップなど顔やマークをかくのも、かんたん。クッキングシートを細く丸めて、しぼり袋がわりにして細いラインでかきます。ただし、まだあたたかいうちにかくとダレるので注意。お顔をかくのは土台がしっかり冷めてからに。

7
章

子どもの喜ぶ顔がうれしい！

おべんとうと
イベントのメニュー

幼稚園や保育園のおべんとうは、
食べやすさを最優先にして子どもが喜ぶ
楽しさをプラスするのがおすすめ。
季節の行事をお祝いするスペシャルメニューは、
子どもにとって楽しい思い出になりますよ。

これさえ知っていればだいじょうぶ!
はじめてママのための幼稚園べんとう基本のき

おいしく簡単に作るためのルール

おべんとうは作ったあと時間がたってから食べるもの。だから、おべんとうならではの注意点があります。ここでは、まず覚えたい「おべんとう作りの基本」や、知っておくと便利なことをご紹介します。

ルール1 幼稚園べんとうは、主食＋主菜＋副菜を基本に考える

幼稚園べんとうは、主食であるごはんまたはパンと、肉や魚介のおかず＝主菜、野菜のおかず＝副菜が1品ずつあればOK。あれもこれもと詰め込むと、子どもがプレッシャーに感じることも多いもの。少なめの量からはじめ、子どもと相談して徐々にふやしていくのがおすすめです。まずは「全部食べられた!」という自信を子どもにつけてあげましょう。好き嫌いを直すのはおうちでの食事のときにし、おべんとうには子どもの好きなおかずを詰めてあげてください。

主食

ごはんやパン、めんなどの炭水化物。量は、子どもがいつも食べているごはん茶わんを目安にするといい。

主菜

肉、魚介、卵、大豆製品などのタンパク質のおかず。子どもが食べ慣れているおかずを中心に。

副菜

野菜のおかず。ビタミンやミネラルなどを豊富に含み、体の調子をととのえるのに欠かせない。主菜と同じくらいの量を詰めたい。

鮭のみそマヨ焼きべんとう

●鮭のみそマヨ焼き

材料と作り方

1. 生鮭1/2枚はそぎ切りにする。
2. みそ小さじ1/2、マヨネーズ小さじ2をまぜ合わせ、①の表面にぬり、オーブントースターで3～4分焼く。

●ピーマンカップの目玉焼き

材料と作り方

1. ピーマン1/2個は2cm厚さの輪切りにし（2個用意）、へたと種を除く。ラップで包み、電子レンジで約20秒加熱する。
2. ①を包むようにアルミホイルで底を作り、中にうずらの卵を1個ずつ落とす。塩、こしょう各少々を振り、オーブントースターで3～4分焼く。

●ゆかりごはん

※茶わんの直径は 10cmです

ルール2

おべんとう箱の大きさは、ごはんの量を目安にする

年齢によっておべんとう箱の大きさの目安はありますが、それだけにとらわれず、子どもの食べる量に合わせておべんとう箱を選びましょう。そのときに目安になるのが、ごはんの量。いつも食べているごはんの量が、おべんとう箱全体の約$\frac{1}{2}$を占めるくらいになるものを選んで。ちょっと小さいかな!? くらいからはじめ、子どもの成長に合わせてサイズを変えていくといいです。

ルール3

おかずは食べやすいものがいちばん!

おかずを作るときに気をつけたいのが「食べやすさ」。年少さんには、まだまだ箸がじょうずに使えない子もたくさん! うまく箸ではさめなくて落としちゃった! なんてことも。これって、子どもにとっては大ショックなのです。おべんとうの時間＝つらい時間とインプットされないためにも、食べやすいおかずを詰めてあげましょう。手づかみできるおにぎり、ピックで刺してあるもの、小さい口でパクリと食べられるものがおすすめ。

ルール4 赤・黄・緑を入れて彩りよく！

彩りのいいおべんとうは、それだけで楽しくなり、食欲もわきます。主菜（タンパク質のおかず）は茶色が多いので、副菜でカラフルにするのがポイント。赤・黄・緑のおかずを入れるように意識して。３色は無理でも、２色を入れると、おいしそうに見える効果大です。

緑のおかず

小松菜、ほうれんそう、ブロッコリー、グリーンアスパラガス、枝豆など

黄のおかず

卵、かぼちゃ、さつまいも、黄パプリカ、コーンなど

赤のおかず

にんじん、トマト、赤パプリカなど

ルール5 詰めるときは、量が多いものから！

おべんとうの詰める順番は、多いもの（大きいもの）から！と覚えておきましょう。多いものといえば、まずごはん。冷たくなると詰めにくくなるのであたたかいうちに詰め、おべんとう箱に詰めてから冷まします。

主菜、副菜はよく冷ましてから、主菜→副菜の順に詰めます。もし、スペースができてしまったら……。すき間はごはんが片寄る原因になるので、すき間埋めおかず（そのまま詰められるものが便利）を詰めましょう。

まず、ごはん

おべんとう作りのいちばん先にごはんを詰める。それからおかず作りにとりかかる。

次に、主菜

汁けがあるものは、仕切りカップなどに入れて詰めるのがおすすめ。

3つ目は、副菜

主菜同様、汁けがあるものは仕切りカップに。副菜を詰めてもすき間ができてしまった場合は、そのまま詰められる市販品などを利用。

最後に、ごはんのトッピング

おべんとう全体で色みが足りないな、と思ったらトッピングで彩りよくする。おかずにない色を足すのがコツ！

ルール6

いたみ対策は念には念を入れて！

おべんとう作りでいちばん気をつけたいのが、食中毒！ とくに気温が上がり、湿度が高くなる梅雨の季節は要注意です。次の4つを徹底し、安心しておべんとうを持たせてあげたいですね。

酢で抗菌！

キッチンペーパーなどに抗菌作用のある酢をしみ込ませ、おべんとう箱の中全体をふいておくと安心です。酢めしにしたり、同じく菌の繁殖を抑える働きがある梅干しをごはんと炊き込んでも。

しっかり火を通す

ふだんの食事では半熟がおいしい卵料理も、おべんとうのときには中まで完全に火を通します。食材を小さく切るのも、早く＆しっかり火を通すコツ。また、いつもよりも濃いめの味つけを心がけましょう。

保冷剤を使う

市販の保冷剤のほか、密閉容器にフルーツ缶詰めを入れて凍らせるのもおすすめ。おべんとうの時間までにほどよく解凍され、デザートにも最適。ハンドタオルを水でぬらして冷凍し、ポリ袋に入れたものなら、おしぼりにも！

よく冷ましてから詰める

あたたかいうちにおべんとう箱に詰めてふたをすると、蒸気の水分で食べ物がいたみやすくなります。バットやお皿に広げておくか網の上に並べておくと、より早く冷めます。

ルール7

できるだけ、前日に準備する

慣れないうちは、おべんとう作りに時間がかかるもの。ならば！ できるだけ前日のうちに作業をすませておきましょう。ポイントは「当日は加熱するだけ」の状態にしておくこと。これなら衛生面の不安も消え、当日の作業時間が短縮。

前日

- ごはんは、朝炊き上がるように準備→タイマーをかける。
- 主菜、副菜は加熱する前の状態まで準備→材料を切り、合わせ調味料などはまぜておき、冷蔵庫へ。料理ごとにバットにのせておくと、時間がない朝もあわてず、作業がスムーズ。

下味をつける

から揚げや照り焼きなどの下味をつけるものは、ポリ袋に入れて冷蔵庫へ。朝は加熱するだけ！

材料は切って冷蔵庫へ

いため物の具は乾燥しないようにラップをかけて冷蔵庫へ。あえ物は早めにあえておくと水分が出てくるので、"あえる直前まで"を前日に。

大好きおかず２品を詰めて！

ふっくらハンバーグべんとう

●ふっくらハンバーグ

材料（幼児１人分）

合いびき肉	100ｇ
玉ねぎのみじん切り	大さじ２
にんじんのすりおろし	大さじ１
パン粉	大さじ 1.5
牛乳	大さじ 1/2
塩	少々
とき卵	1/4 個分
油	少々
トマトケチャップ	適量

作り方

❶耐熱容器に玉ねぎ、にんじんを入れ、ラップをかけて電子レンジで１分加熱する。パン粉、牛乳を加えてまぜ、冷ます。

❷ひき肉に塩、①、とき卵を加えてねりまぜ、8等分にし、小判形にまとめる。

❸フライパンに油を熱し、②の両面をこんがりと焼く。

❹耐熱皿に③を２個のせ、ラップをかけて電子レンジで１分 30 秒加熱し、中まで火を通す。残りも同様に。おかずカップにケチャップを入れ、ハンバーグ２個を詰める。

＊残りは冷凍保存する。

●ポテトサラダ

材料（幼児１人分）

じゃがいも	小 1/2 個（50 ｇ）
きゅうり	1/5 本
ハム	1/2 枚
マヨネーズ	大さじ２

作り方

❶じゃがいもは皮をむいてラップで包み、電子レンジで３分加熱する。ラップをはずし、熱いうちにフォークでつぶし、あら熱をとる。

❷きゅうりは小口切り、ハムは 1㎝角に切る。

❸①に②を入れ、マヨネーズであえる。

●のり巻きおにぎり

おべんとう箱は使いやすいものを選ぶ

かぶせるふたのおべんとう箱

入園したての年少さんは、まだ指先が器用に動かせないため、ふたをかぶせるタイプがおすすめ。冬場におべんとうをあたためてくれる幼稚園なら、アルミ製を。

巾着タイプ

ひもを引くだけで開けられ、閉めるときも簡単なので、年少さんにはこのタイプがおすすめ。

チーズをのせて焼けば、魚嫌いな子もパクリ

かじきのチーズ照り焼きべんとう

●かじきのチーズ照り焼き

材料（幼児１人分）

かじきまぐろ ……………… 1/2切れ
A しょうゆ、酒、みりん　各小さじ１
油 ……………………………… 適量
スライスチーズ ………… 1/2枚
青のり ……………………… 少々

作り方

❶かじきは２～3cm幅に切り、Aに20分以上漬けて下味をつける。
❷アルミホイルに油を薄く塗り、①を並べ、オーブントースターまたはグリルで火が通るまで焼く。
❸②にスライスチーズをのせてさらに加熱し、チーズがとけたら青のりを振る。

memo かじきは前日に下味をつけておけば、朝はオーブントースターで焼くだけ！　焼いている間にもう一品を調理。

●ピーマンのココット

材料（幼児１人分）

ピーマン（7～8mm幅の輪切り）…２枚
うずらの卵 ………………… ２個
塩 …………………………… 少々
油 …………………………… 適量

作り方

フライパンに油を熱し、ピーマンをおく。ピーマンの中にうずらの卵を割り入れ、火が通ったら塩を振る。

●ゆかりごはん

カップやピックでさらにかわいさアップ

手でつまんで食べやすくするピック、おかずを仕切り、色移りを防ぐバランやカップ類は、見た目をかわいく盛り上げてくれるアイテムです。おべんとうに色みがちょっと足りないかな？ というときはおかずをカラフルなカップに入れればＯＫ。シリコン製のカップなら電子レンジやオーブン調理もできるうえ、洗ってくり返し使えます。こんなお役立ちアイテムは色やサイズ違いでいくつかそろえておくと便利です。

肉詰めまで前日にすませておけば、朝は焼くだけ！

ピーマンの肉詰めべんとう

●ピーマンの肉詰め

材料（幼児1人分）

ピーマン……………………1個

A
- 合いびき肉　50g
- トマトケチャップ　大さじ1/2
- とんカツソース　小さじ1
- パン粉　大さじ1弱
- 塩　少々
- こしょう　適量

油……………………………小さじ1

作り方

❶ピーマンはへたを落とし、横に2～3等分に切り、種をとる。

❷Aを粘りが出るまでねりまぜ、①に等分に詰める。

❸フライパンに油を熱して②を並べ、中火で両面をこんがりと焼く。水大さじ1を加え、ふたをして3分ほど弱火で蒸し焼きにする。

●にんじんのレンジグラッセ

材料と作り方

❶にんじん50gは1cm厚さに切り、好みの型で抜く。抜いた残りも使う。

❷耐熱ボウルに①、砂糖、水各大さじ1/2、塩少々を入れ、バター小さじ1をのせ、ラップをかけて電子レンジで2分20秒加熱する。とり出してまぜる。

＊おべんとう箱に好みのパンとともに詰める。

味つけはとんカツソースでお手軽に

豚肉とパプリカのソースいためべんとう

●豚肉とパプリカのソースいため

材料（幼児1人分）

豚こまぎれ肉……………20g

黄パプリカ、玉ねぎ……各10g

ごま油……………………小さじ1/2

塩…………………………少々

とんカツソース…………小さじ1

作り方

❶豚肉は大きければ食べやすく切る。パプリカ、玉ねぎはともに小さめの乱切りにする。

❷フライパンにごま油を熱し、①をいためる。野菜がしんなりしたら塩、ソースで調味する。

●アスパラの桜えびまぶし

材料と作り方

❶フライパンを熱して桜えび小さじ1を入れ、香ばしくなるまでいる。とり出して冷まし、手でこまかく砕く。

❷グリーンアスパラガス1本は2cm長さに切ってラップで包み、電子レンジで30秒加熱する。①と塩少々をまぶす。

●薄焼き卵の三角おにぎり

材料と作り方

ごはん80gは2等分し、手に塩少々をつけて三角形ににぎる。薄焼き卵を1.5cm幅の帯状に切り、おにぎり1個に対して2枚を交差するように巻く。

●ミニトマト

魚は洋風にアレンジすると、子どもも食べやすい

鮭とじゃがいものピカタべんとう

●鮭とじゃがいものピカタ

材料（幼児１人分）

生鮭 …… 1/3切れ
じゃがいも …… 大1/4個
とき卵 …… 1/2個分
青のり …… 小さじ1/2
塩 …… 少々
小麦粉 …… 小さじ1
油 …… 適量

作り方

1. じゃがいもは1cm角の棒状に切る。ラップで包み、電子レンジで50秒加熱する。
2. とき卵に青のりを加えまぜる。
3. 鮭は塩と小麦粉を振って②にくぐらせ、油を熱したフライパンで両面焼く。①も②にくぐらせ、フライパンのあいたスペースで焼く。ふたをして3分ほど弱火で蒸し焼きにする。

●キャベツとパプリカの塩昆布あえ

材料と作り方

1. キャベツ1/2枚と黄パプリカ20gは1cm角に切る。塩昆布少々はみじん切りにする。
2. 耐熱容器に①を合わせて入れ、電子レンジで1分加熱し、まぜる。冷めるまでおいて、味をなじませる。

●青菜と桜えびのふりかけおにぎり

材料と作り方

1. フライパンを熱し、桜えび小さじ1を入れ、香ばしくなるまでいる。とり出して冷まし、手でこまかく砕く。
2. ごはん80gを2等分し、片方には青菜のふりかけ小さじ1/2を、残りには①をまぜ、それぞれ俵形ににぎる。

薄焼き卵もハムといっしょに巻けば、ボリュームおかずに変身

卵とハムのくるくる巻きべんとう

●卵とハムのロール巻き

材料（幼児１人分）

卵 …… 1個
ハム …… 2枚
塩、油 …… 各少々

作り方

1. 卵をときほぐし、塩で調味する。
2. 卵焼き器に油を塗って熱し、①を流して薄焼き卵を1枚焼く。とり出して冷まし、縦半分に切る。
3. 薄焼き卵1/2枚を縦長に置き、半分に切ったハム1枚をはみ出さないように縦長にのせ、くるくる巻く。これを残りの薄焼き卵とハムを重ねたものにのせ、さらに巻いて太いロールを作り、ようじで3カ所を止め、3等分に切る。

●簡単ポテトサラダ

材料

フライドポテト（冷凍）… 30g
レタス …… 1/2枚
ホールコーン …… 大さじ1
A［マヨネーズ　大さじ1.5
　 塩、こしょう　各少々

作り方

1. レタスは小さくちぎり、コーンは水けをよくきる。
2. 耐熱皿に凍ったままのフライドポテトをのせ、ラップをかけて電子レンジで1分10秒加熱する。とり出してつぶし、あら熱をとる。
3. ②にAをまぜ、①をあえる。

●ロールパン

●いちご

一品べんとう

寝坊しちゃった！のときに頼りになる、
主食とおかずがいっしょになった一品完結のおべんとう。

ひと口サイズのロールサンドなら、年少さんもパクリ

のり＆チーズのロールサンドべんとう

材料（幼児１人分）

サンドイッチ用食パン ………………… ２枚
グリーンアスパラガス ………………… １本
焼きのり、スライスチーズ ………… 各適量
しょうゆ ………………………………… 少々

作り方

❶アスパラガスは根元を切り落としてかたい皮をむき、半分に切り、ゆでる。
❷パンはめん棒などで軽くのばす。しょうゆを薄く塗り、のり、スライスチーズをパンの大きさに合わせて切ってのせる。①をのせ、アスパラガスを芯にして端から巻く。
❸ラップで包んでなじませ、食べやすく切る。

●サラダ菜

シャキシャキにんじんとツナのコンビ

にんじんツナサンドべんとう

材料（幼児１人分）

サンドイッチ用食パン ………………… ２枚
にんじん ………………………… 1/2本
ツナ缶 ………………………… 1/4缶
塩 ………………………………… 少々
A 粉チーズ、マヨネーズ　各大さじ 1/2
バター ………………………… 適量

作り方

❶にんじんはスライサーで細切りにし、塩でもんで汁けをしっかりとしぼる。
❷ツナは汁けをきり、①と合わせ、A であえる。
❸パンにバターを薄く塗り、②をはさみ、食べやすく切る。

●サニーレタス

memo サンドイッチの具には、そのままはさめる缶詰めや加熱なしで OK の野菜をかしこく利用！

野菜をみじん切りにしていっぱい入れちゃお♡

野菜いっぱいチャーハンべんとう

材料（幼児１人分）

あたたかいごはん …………… 80g

A
- かに風味かまぼこのみじん切り　２本分
- ねぎ、ピーマン、にんじん、しいたけのみじん切り　各大さじ１

ごま油 ………………………… 小さじ１

塩 ……………………………… 少々

しょうゆ ……………………… 小さじ1/2

にんじん、ピーマン（飾り用）…… 各適量

作り方

1. フライパンにごま油を熱し、A をいためる。全体に油が回ったらごはんを加えていため合わせ、塩、しょうゆで調味する。
2. にんじん、ピーマンは好みの型で抜き、耐熱皿にのせ、ラップをかけて電子レンジで 20 秒加熱する。
3. おべんとう箱に①を詰め、②を飾る。

memo ハートに抜いたにんじんとピーマンをチャーハンに並べ、かわいくデコ！

酢めしじゃなくてもおいしくできる！

かにかまときゅうりののり巻きべんとう

材料（幼児１人分）

あたたかいごはん …… 80g

焼きのり …………………… 1/2枚

かにかま巻き：かに風味かまぼこ１本＋スライスチーズ 1/2 枚

きゅうり巻き：きゅうり長さ 1/2 本を縦４等分にした１本　ゆかり少々

＊のりは 1/2 枚を縦半分に切り、正方形２枚にする。

作り方

1. かにかま巻きを作る。のりにごはんの 1/2 量を広げ、スライスチーズ、かにかまをのせ、端から巻く。
2. きゅうり巻きを作る。ごはん 1/2 量にゆかりをまぜ、のりの上に広げる。きゅうりを芯にし、端から巻く。
3. ①、②を食べやすく切る。

memo のり巻きの具は、加熱なしで食べられる具にするのが、パパッと作るコツ。かにかま、チーズは強い味方！

アイデアいっぱい！　イベントのメニュー

お誕生日やクリスマスなどの行事が盛り上がる、かわいい手作りレシピをご紹介。子どもが喜ぶこと請け合いです。

おたんじょうび

大好きおかず２種をまぜて！

アニマルカップずし

材料（４個分）

すし飯 …………………… 300g
鮭フレーク …………………… 大さじ２
鶏そぼろ …………………… 大さじ２
魚肉ソーセージ ………… １本
スライスチーズ ………… １枚
トマト、にんじん、のり
…………………… 各少々

作り方

❶すし飯を半分に分け、１つには鮭フレークを、もう１つには鶏そぼろを加えてまぜる（鮭フレークは色を見ながら量を調整する）。それぞれをさらに２つに分け、丸いおにぎりを計４個作る。

❷ソーセージは長さを半分に切り、それぞれからクマの耳用に輪切り２枚をとり、残りはウサギ用に縦半分に切る。

❸①を器に１個ずつ入れる。鮭フレークをまぜたおにぎりに、ウサギ用のソーセージにスパゲティ（分量外）をピックがわりにして刺し込む。鶏そぼろをまぜたおにぎりにクマ用のソーセージの耳を飾る。チーズで丸いパーツを作り、のりで表情をつけ、皮をむいたトマトとゆでたにんじんを型で抜いて、リボンやハート、ほっぺを飾る。

焼きながらデコして、焼きたてをどうぞ♪

バナナチョコクレープ

材料（4 枚分）

ホットケーキミックス …… 100g
卵 …… 2 個
砂糖 …… 20g
牛乳 …… 120mℓ
バター …… 20g
バナナ（輪切り）…… 2 本
チョコレートソース、スプレーチョコ …… 各適量

作り方

1. バターは湯せんにかけるか、電子レンジで 30 秒ほど加熱してとかしておく。
2. ボウルに卵を割りほぐし、砂糖を加えてまぜる。ホットケーキミックスと牛乳を少量ずつ交互に入れ、なめらかになるまでまぜたらとかしバターを加えて全体をまぜ合わせる。
3. 180 度に予熱したホットプレートに②の生地をお玉 1 杯程度流し入れ、背を使って薄く丸形にのばす。
4. ③が焼けたらバナナをのせ、チョコレートソースをかけてスプレーチョコを飾る。

バナナの顔でライオンくん☆

ココアババロア

材料（2 個分）

A ┌ バナナ　1 本
　│ 牛乳　1/4 カップ
　└ ココア（無糖）小さじ 1/2
バナナ（3mm 幅の輪切り）… 2 枚
チョコチップ …… 少々

作り方

1. フードプロセッサー（またはミキサー）に A を入れて回し、なめらかにする。
2. シリコンカップ 2 個に①を等分して入れ、ラップはせずに電子レンジで 40 秒加熱する。あら熱がとれたら、冷蔵庫で 30 分以上冷やす。
3. 薄切りのバナナ（ライオンの顔）は細いストローで鼻の脇 2 カ所を丸く抜く。②にバナナをのせ、チョコチップと丸く抜いたバナナで顔をかく。

＊チョコチップは誤嚥のおそれがあるため、とり除いて食べさせる。

洋風アレンジもいいね！

おもてなし手まり三種

●生ハム大根手まりずし

材料（6 個分）

すし飯 ………………………… 300g
大根の薄切り …………… 6枚
塩 ……………………………… 少々
生ハム ……………………… 6枚
イタリアンパセリ …… 少々

作り方

❶すし飯は 6 等分して軽くにぎっておく。
❷大根は塩を振ってしばらくおき、しんなりしたらキッチンペーパーで水けをふく。
❸小さな器にラップを敷き、大根、イタリアンパセリ、生ハム、①の順にのせ、茶巾のようにラップの上からひねって丸く包む。

●ローストビーフ手まり

材料（6 個分）

ごはん ……………………… 300g
しょうがの甘酢漬け … 30g
いり白ごま ……………… 小さじ 1
ローストビーフ ……… 6枚
ズッキーニ、ミニトマト、ポン酢ジュレ
………………………………… 各少々

作り方

❶しょうがの甘酢漬けはせん切りにする。ズッキーニは薄い半月切りにし、少量の油（分量外）でソテーする。ミニトマトは薄い半月切りにする。
❷あたたかいごはんにしょうがとごまを加えてまぜ、6 等分して軽くにぎっておく。
❸小さな器にラップを敷き、ローストビーフ、②の順にのせ、ラップの上からひねって丸く包む。ラップをはずし、ズッキーニ、ミニトマト、ポン酢ジュレをのせる。

●オムライス手まり

材料（6 個分）

ごはん ……………………… 300g
玉ねぎ ……………………… 1/6 個
ベーコン ………………… 2枚
グリーンアスパラガス ………………… 3本
薄焼き卵 ………………… 適量
オリーブ油、塩、こしょう ……… 各少々
トマトケチャップ …… 大さじ 2

作り方

❶玉ねぎとベーコンはみじん切りにする。アスパラガスは穂先 4 ㎝くらいを切り、残りは小口に切る。穂先はラップに包んで電子レンジで 30 秒加熱する。
❷フライパンにオリーブ油を熱して、玉ねぎ、ベーコン、アスパラガスの小口切りをしんなりするまでいためる。
❸あたたかいごはんに②をまぜ、塩、こしょう、ケチャップで調味してあら熱をとる。6 等分して軽くにぎっておく。
❹薄焼き卵をごはんよりも 2 回り大きく切り分ける（直径 20㎝の円形なら 4 等分）。小さな器にラップを敷き、薄焼き卵、③の順にのせ、茶巾のようにラップの上からひねって丸く包む。ラップをはずし、アスパラガスの穂先を飾り、ケチャップ（分量外）をしぼり出す。

こどもの日

大好きハンバーグをかぶとに見立てて

かぶとハンバーグプレート

● かぶとハンバーグプレート

材料（4人分）

- 玉ねぎ……1/2個
- 油……大さじ1
- A
  - 合いびき肉　400g
  - パン粉　1カップ
  - 卵　1個
  - 牛乳　大さじ2
  - トマトケチャップ　小さじ2
  - 塩　小さじ1/2
  - こしょう、しょうゆ　各少々
- B
  - じゃがいも　200g
  - 牛乳　1/2カップ
  - バター　大さじ2
  - 塩　少々
- ホールコーン……適量
- グリーンアスパラガス……8本
- にんじん……1本

作り方

1. みじん切りにした玉ねぎを耐熱皿にとり、油をかけ、ラップなしで電子レンジで約2分加熱して冷ます。
2. ボウルに①とAを入れ、粘りが出るまでよくまぜ、三角形にまとめて中央にくぼみを作る。
3. フライパンに油（分量外）を引き、中火で焼き上げる。
4. Bのじゃがいもを洗ってラップに包み、電子レンジで4～5分加熱し、皮をむいて熱いうちにバターと塩を加えてつぶし、牛乳を加えてさらにまぜる。
5. アスパラガスとにんじんは食べやすい大きさに切り、やわらかくゆでる。
6. ハンバーグに④のマッシュポテトをのせ、コーンを飾り、⑤のアスパラの穂先部分はかぶと風に飾り、残りは好みのドレッシングをかけて、添える。

● 柏もち風白玉

材料（4個分）

- 白玉粉……50g
- とうふ……80g（1/4丁）
- 抹茶……小さじ1/2
- かたくり粉……少々
- 市販の煮豆（甘めのもの）……80g

作り方

1. 白玉粉と抹茶をよくまぜてから、水けをきったとうふを加えてなめらかになるまでよくこねる。
2. ①を4つに分け、手にかたくり粉をまぶしながら楕円形にして軽くつぶす。
3. 沸騰した湯に入れ、浮き上がってきたら水にとって冷ます。表面に包丁の背で軽く葉っぱ形に切り込みを入れる。
4. 煮豆をつぶして4等分し、③ではさんで盛る。

パスタはラフに巻きつけるのがポイント！

パスタ de ミイラなソーセージ

材料（4本分）

ウインナー …… 4本
ロングパスタ …… 200g
焼きのり …… 適量
スライスチーズ …… 1枚
オリーブ油、塩 …… 各適量

作り方

1. ソーセージを8分ゆでる。パスタは塩を入れたお湯で袋の表示どおりにゆでたのち、水をきってオリーブ油と塩少々を振っておく。
2. ソーセージの端からパスタをぐるぐる巻いていく。巻き終わったら次のパスタを巻きつけていく。
3. 巻きつけたソーセージの目をつけたい個所のパスタを広げて、丸く切ったのりとチーズを合わせて目を作る。

生クリームでクモの巣模様を

クモの巣スープ

材料（4人分）

冷凍枝豆さやつき …… 400g
玉ねぎ …… 1/2個
バター …… 20g
コンソメ（固形） …… 1個
生クリーム …… 100mℓ

作り方

1. 玉ねぎをバターでいため、水100mℓ、コンソメ、枝豆（薄皮をとり除いたもの）を加えて10分煮る。
2. ①をフードプロセッサーでかくはんし、こす。
3. ②に生クリームを加え、生クリーム（分量外）でクモの巣模様をつける。

中心から外側に向かってうず巻きを描いたあと、竹ぐしなどで同様に中心から外へ線を入れていくと、クモの巣のでき上がり！

クリスマス

じっくり揚げてボリューム満点！

こんがり骨つきフライドチキン

材料（４人分）

鶏骨つきもも肉 ……………… ４本
A［塩　小さじ 1/2
　 こしょう　少々
　 おろしにんにく　小さじ 1/2
卵 ……………………………… １個
小麦粉 ……………………… 大さじ３
揚げ油 ……………………… 適量

作り方

1. 鶏肉は裏側から骨に沿って切り込みを入れる。
2. A をしっかりもみ込む。
3. といた卵に②を入れてからめ、小麦粉を振り入れてよくまぜる。
4. 揚げ油を 170 ～ 180 度に熱し、③を入れる。そのまま中火で 10 ～ 15 分かけてこんがりと色がつくまで揚げる。
5. 油をきって器に盛る。

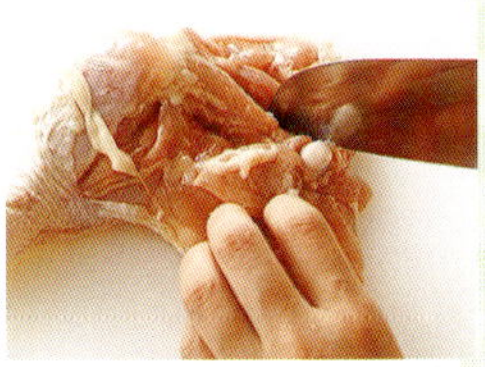

もも肉の骨に沿って包丁の先で切り込みを入れておくと、大きなまま揚げても食べやすい。

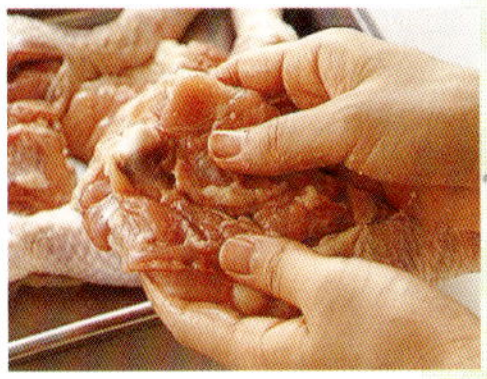

塩、こしょう、おろしにんにくを全体にまぶしたあと、手を使ってよくもみ込むのがポイント。

クッキーカッターで星形に抜いて

ふわふわツリーケーキ

材料（直径20×高さ35～40㎝のツリー１個分）

市販のスポンジケーキ …… 直径 20㎝のもの×２台
生クリーム ……………………… 200㎖
砂糖 ……………………………… 大さじ２
プレーンヨーグルト ………… 450㎖（ざるに上げて水きりし、一晩おく）
キーウィ ………………………… ３個
いちご ……………………………1/2 ～ 2/3 パック

作り方

1. ボウルに生クリーム、砂糖を入れ、泡立てる。しっかりとツノが立ったら、ヨーグルトを加えてまぜる。
2. キーウィ、いちごは７～８㎜角に切る。
3. スポンジは厚さを３等分に切り、いろいろな大きさの星型で抜く。
4. 皿にいちばん大きな星のスポンジをのせ、上面に①を塗り、フルーツをのせる。次に大きな星のスポンジをのせて同様にクリームとフルーツを重ね、最後にいちばん小さな星をのせる。
5. 倒れそうになったら中心に竹ぐしなどを刺して補強し、食べるときにはずす。

スポンジケーキを型で抜くときは、大きいものから順に抜き、小さい星はスポンジをむだにしないよう、端を使って。

材料別◎さくいん

その他の魚介

海藻

卵

乳製品

豆・大豆製品

大豆

とうふ

納豆

油揚げ

いも

野菜

緑黄色野菜

淡色野菜

きのこ

果物

ごはん

監修●牧野直子（まきのなおこ）

管理栄養士。料理研究家。ダイエットコーディネーター。乳幼児健診などで食生活についてのアドバイスを行う。多くの乳幼児とその家族に接した経験とご自身の子育て経験とにもとづいて考案された、家庭で作りやすいレシピ、的確なアドバイスが好評。料理教室やテレビの料理番組などでも幅広く活躍している。「スタジオ食」代表。

カバーデザイン	川村哲司、古屋悦子 (atmosphere ltd.)		
カバーイラスト	100%オレンジ		
本文デザイン	庄子結香（カレラ）		
料理	牧野直子	ほりえさわこ	
	安藤久美子	石澤清美	伊藤睦美
	今泉久美	岩﨑啓子	上田玲子
	梅岡礼子	浦上裕子	枝元なほみ
	大庭英子	小川聖子	落合貴子
	景山裕子	上村泰子	黒川愉子
	検見﨑聡美	高坂さやか	河野雅子
	小菅陽子	小林まさみ	重信初江
	祐成二葉	鈴木恵美子	鈴木伸子
	瀬尾幸子	関根久恵	竹内冨貴子
	ダンノマリコ	千葉道子	トミタセツ子
	長竹淑子	夏梅美智子	西村禮子
	浜内千波	久松育子	福岡直子
	藤井 恵	藤嶋秀美	藤田雅子
	藤野嘉子	堀江ひろ子	ほりえさちこ
	増井陽子	町亜由美	松田紀子
	間野実花	宮本千華子	みなくちなほこ
	宮本祐子	武者さちよ	宗像伸子
	八木沼恵子	柳瀬久美子	吉永麻衣子
本文イラスト	藤井 恵	中川原透	
撮影	宇都木 章	梅澤 仁	榎本 修
	川浦堅至	川上隆二	小坂 真
	近藤 誠	高木隆成	高田 隆
	武井メグミ	橋本 哲	松久幸太郎
	主婦の友社写真課		
スタイリング	伊藤みき、すずき尋巳、坂上嘉代、ダンノマリコ		
モデル	石原愛和ちゃん　中川 律くん　中村陽ららちゃん		
	吉永健悟くん・将馬くん		
	雑誌 Baby-mo の読者モデルのみなさん		
構成・まとめ	川﨑由紀子		
編集担当	近藤祥子（主婦の友社）		

はじめてママ＆パパのすくすく幼《よう》児《じ》食《しょく》

編　者　主婦の友社
発行者　平野健一
発行所　株式会社　主婦の友社
〒141-0021　東京都品川区上大崎 3-1-1 目黒セントラルスクエア
電話（編集）03-5280-7537
電話（販売）03-5280-7551
印刷所　大日本印刷株式会社

ISBN 978-4-07-419288-5

■本書の内容に関するお問い合わせ、また、印刷・製本など製造上の不良がございましたら、主婦の友社（03-5280-7537）にご連絡ください。
■主婦の友社が発行する書籍・ムックのご注文は、お近くの書店か主婦の友社コールセンター（電話 0120-916-892）まで。
＊お問い合わせ受付時間　月～金（祝日を除く）9:30 ～ 17:30
主婦の友社ホームページ
https://shufunotomo.co.jp/

■本書は、『はじめてパパ&ママの幼児食』に、弊社刊行物からの新たな内容を加えて再編集したものです。

ぬ-052017